LES GASCONS

ET

L'ARTILLERIE BORDELAISE

AU SIÉGE DE FONTARABIE

(1521 A 1524)

Ouvrage tiré à 3oo exemplaires :

5o exemplaires sur papier de Hollande, in-4°.

25o exemplaires sur papier vergé, gr. in-8°.

Ernest GAULLIEUR

ARCHIVISTE DE LA VILLE DE BORDEAUX

LES GASCONS

ET

L'ARTILLERIE

BORDELAISE

AU SIÉGE DE FONTARABIE

(1521 A 1524)

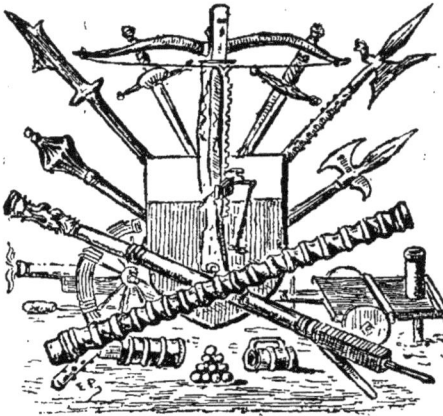

BORDEAUX

IMPRIMERIE G. GOUNOUILHOU

11 — RUE GUIRAUDE — 11

—

1875

LES GASCONS

ET

L'ARTILLERIE BORDELAISE

AU SIÉGE DE FONTARABIE

(1521 A 1524)

Guerre de Navarre. — Mesures de précautions pour la défense de Bordeaux et de Bayonne. — Sommes prêtées au roi par les Bordelais. — Prise de Fontarabie par les Français. — Siége de cette place par l'armée espagnole. — Héroïsme de Jacques de Daillon et de ses 3,000 Gascons. — Lettres inédites de François Iᵉʳ et du maréchal de Chabannes aux jurats de Bordeaux. — Trahison de Frauget. — Inventaire de l'artillerie prêtée au roi par les Bordelais. — Coup d'œil sur l'artillerie bordelaise au quinzième et au seizième siècle.

EST-IL bien certain, comme on le prétend, qu'il ne reste plus rien à dire sur l'origine et l'établissement des communes dans notre chère France, et les remarquables travaux publiés sur ce sujet depuis un demi-siècle ont-ils complètement épuisé cette intéressante question? Je veux bien le croire. Mais, par contre, n'est-il plus rien à apprendre sur les dernières années pendant lesquelles ces mêmes communes brillèrent encore d'un vif éclat, alors que chacune d'elles, forte de son organisation particulière et des franchises qu'elle avait su conquérir, mais qu'elle était sur le point de perdre, vivait encore de la vie qui lui était propre?

C'est dans les documents originaux qu'il faut surtout étudier cette curieuse histoire de la chute des communes; là seulement on peut apprécier avec exactitude quel était encore le degré d'importance de ces fédérations municipales, et il nous semble qu'aucunes recherches ne sauraient avoir un intérêt plus grand que celles qui se rapportent à ce sujet si fécond en enseignements de toute nature. De cette fructueuse étude, la partie qui concerne les relations de la commune avec le pouvoir central est incontestablement une des plus essentielles.

Dans l'origine, au onzième et au douzième siècle, les communes, pour affirmer leur existence, firent appel à l'autorité royale. Les rois, à leur tour, se servirent des communes pour amoindrir la puissance de la féodalité. Plus tard ils se souvinrent de cet important service et s'adressèrent de nouveau à leurs « bons amis » les bourgeois, les priant de leur venir en aide dans leurs guerres contre l'étranger.

Les communes, on le sait, étaient de petites républiques, dont chacune avait ses lois, ses magistrats, sa milice et ses priviléges. Quelques-unes étaient très puissantes : Bordeaux était de ce nombre. Quand sonna l'heure de l'affranchissement, l'ancien municipe gallo-romain qui, malgré la conquête, avait su conserver ses libertés premières, eut peu de transformations à opérer pour se constituer en république.

Sous le protectorat des rois d'Angleterre, son accroissement fut rapide. Ceux-ci, pour mieux conserver leur domination sur la capitale d'une importante province séparée d'eux par la mer, respectaient soigneusement les franchises municipales des Bordelais et les augmentaient quelquefois; mais, en revanche, ils tiraient d'eux une partie de leurs forces pour leurs guerres contre le roi de France. Ce fut pendant trois siècles un échange de bons offices. Les bourgeois n'accordaient pas toujours, ou du moins sans se faire prier, ce qu'on sollicitait de leur bon vouloir; le plus souvent ils exigeaient quelque concession en échange.

C'est ainsi qu'au mois d'avril 1420, le peuple de Bordeaux, convoqué à son de trompe et consulté pour savoir s'il convenait de donner à Henri V un subside qu'il demandait, refusa nettement.

Lors de la deuxième conquête de la Guyenne par les Français, Bordeaux, fortement imposé par Charles VII, et dont le commerce fut ruiné pour plusieurs années, perdit une partie de son importance communale. Aux deux extrémités de la ville, dont les priviléges furent suspendus, s'élevèrent des châteaux-forts destinés à maintenir dans l'obéissance les turbulents bourgeois, qui regrettaient un peu trop leurs bons amis les Anglais, grands appréciateurs et grands consommateurs des vins de Gascogne.

Sous Louis XI, sous Charles VIII et sous Louis XII, Bordeaux vit son commerce renaître et sa fortune s'augmenter. La ville recouvra quelques-unes de ses franchises municipales, et son accroissement fut rapide jusqu'au règne de François Ier. Ce roi, toujours en guerre avec l'Espagne et toujours à court d'argent, respecta par politique les priviléges des Bordelais, priviléges qui, après lui, furent momentanément supprimés par son successeur Henri II.

Il m'a paru intéressant de tirer de l'oubli un épisode de l'histoire de Bordeaux à cette époque, de chercher quelle fut la nature des relations de cette ville avec François Ier, et de montrer quelle était encore, au commencement du seizième siècle, sa double puissance comme port de commerce et comme place de guerre. De tous les chroniqueurs et de tous les historiens qui se sont occupés de rassembler ou d'écrire ses annales, un seul, de Lurbe. fait en quelques mots allusion à cet épisode et passe outre :

« *Le seigneur de Bonnivet,* dit-il, *allant avec armée en Navarre, faict de grands emprunts à Bourdeaux* (1). »

Les faits dont nous allons nous occuper se rattachent en effet à l'une des pages les plus dramatiques de la guerre de Navarre; ils sont compris entre les années 1521 et 1524, et

---

(1) *Chronique bourdeloise.* Bourdeaux, imp. de Simon Millanges, M.DC.XIX, fo 39 vo.

sans aucun doute les *Registres de la Jurade* bordelaise devaient contenir à ce sujet des renseignements utiles; malheureusement, ceux des années 1522, 23 et 24, détruits depuis longtemps déjà, n'existaient plus au dix-huitième siècle (1), à l'époque où fut dressé le sommaire alphabétique de ces intéressants manuscrits.

Celui de 1521, au contraire, figurait encore il y a quelques années dans les Archives municipales. Il fut brûlé dans la nuit du 13 juin 1862, lors de l'incendie de l'Hôtel de Ville, mais au moins l'*Inventaire sommaire de 1751* nous a conservé la trace des décisions qui furent prises à cette époque par les jurats, décisions dont quelques-unes se rapportent indirectement à la guerre de Navarre et ont pu servir à éclairer nos recherches.

C'est au moyen de ces renseignements très incomplets et surtout de quelques documents inédits et fort intéressants, découverts par nous dans le courant de l'année 1869 aux Archives départementales de la Gironde, que nous allons essayer de combler une lacune de notre histoire locale.

Il est nécessaire, pour cela, de rappeler, d'une manière succincte, les premières hostilités qui eurent lieu entre François Ier et Charles-Quint.

Ce dernier l'avait emporté en 1519 sur son compétiteur, et l'empire lui était échu en partage; tous deux cherchèrent à se ménager l'alliance de l'Angleterre, et là encore Charles fut plus habile que le roi de France. La haine qui les divisait ne fit que s'envenimer, et chacun put prévoir que la guerre ne tarderait pas à éclater entre eux.

On sait quel en fut le prétexte : un procès entre les seigneurs de Croy et d'Emeries, au sujet d'une petite ville des Ardennes.

Robert de La Marck, prince de Bouillon et de Sedan, s'avance, à la tête d'une armée, sur les terres de l'empire. Charles, convaincu à tort ou à raison qu'il n'a fait qu'agir à

---

(1) Très probablement ils furent du nombre de ceux qu'on détruisit en 1548, en vertu des ordres stupides du connétable de Montmorency.

l'instigation de François Ier, pénètre en France par la Flandre. Le comte de Nassau, l'un de ses généraux, s'empare de Mouzon et vient mettre le siége devant Mézières, que Bayard sauve à grand'peine par des prodiges de valeur.

Charles-Quint ayant une partie de ses troupes occupées dans le Nord, le roi, contre l'avis de la plupart des membres de son Conseil, résolut de l'attaquer au Midi et de porter la guerre en Navarre (1). Ce fut, d'après Louvet, Jacques de Daillon, comte du Lude, qui le pressa de prendre ce parti (2).

Bertrand d'Estissac, maire de Bordeaux, qui, en l'absence de Lautrec, gouverneur de Guyenne, et de M. Desparros, son lieutenant, commandait provisoirement dans toute la région située au delà de la Garonne, se hâta de faire fortifier Bayonne et Saint-Jean-de-Luz, de rassembler toutes les troupes de la Guyenne et de la Gascogne, enfin de convoquer le ban et l'arrière-ban de ces provinces (3).

En même temps et pendant que le roi de Navarre, l'allié de la France, jette à la hâte des secours dans quelques places, une petite armée, composée de six mille lansquenets aux ordres du

(1) Différentes tentatives avaient été faites déjà par les Français pour enlever la Navarre aux Espagnols, notamment en 1516 et plus récemment en avril 1521. André de Foix, seigneur de Lesparre, frère de Lautrec, de Lescun et de la comtesse de Chateaubriand, commandait cette dernière expédition. Il eut d'abord quelques succès; mais bientôt il fut battu et fait prisonnier. En Guyenne, on le nommait vulgairement Lesparre, Desparre ou Desparros. (Voyez LOUVET, *Abrégé de l'histoire d'Aquitaine*, p. 160.)

(2) *Abrégé de l'histoire d'Aquitaine, Guyenne et Gascogne*, par Pierre Louvet de Beauvais, docteur en médecine. Bordeaux, impr. de G. de Lacourt, M.DC.LIX, 1 vol. gr. in-8°, p. 167.

(3) Bertrand d'Estissac, bien que très connu, est un des maires de Bordeaux qui ont le moins laissé de traces dans les annales de cette ville. De Lurbe, Darnal et dom Devienne ont ignoré son existence ou n'ont pas jugé à propos de parler de lui; Bernadeau et O'Reilly, qui donnent une liste des maires, ne s'en occupent pas davantage et ne l'y font pas figurer. Il se trouve, en revanche, dans le projet de nomenclature imprimé par les soins de la Commission des maires de Bordeaux en 1865.

On lit dans un *Extrait des Registres secrets du Parlement* (BIBLIOTH. DE LA VILLE DE BORDEAUX, ms. 367) : « Le dernier de mai 1520 furent publiées » les lettres-patentes du Roi, du 8 mai 1520, concernant le pouvoir du sieur » d'Estissaq, lieuténant-général pour le Roy en Guienne, en abzance du sieur » de Lautrec, gouverneur, et du sieur Desparros, lieutenant général. »

comte de Guise et de quatre cents hommes d'armes, se
rassemble sur la frontière sous le commandement de Guillaume
Gouffier, favori de Louise de Savoie, plus connu sous le nom
de l'amiral Bonnivet. Une division de Basques et de Gascons
ne tarde pas à l'y rejoindre (1).

C'est à son passage en Guyenne que se rapportent les deux
lignes de la chronique de Gabriel de Lurbe que nous avons
citées plus haut : « *Le seigneur de Bonnivet, allant avec*
» *armée en Navarre, faict de grands emprunts à Bour-*
» *deaux.* » Le 26 août 1521, Bonnivet est en effet dans cette
ville, d'où il écrit à François Ier; il se plaint avec amertume
du défaut de régularité dans l'envoi de la solde de son armée,
de plusieurs manques de parole à cet égard, et de l'extrême
difficulté qu'il éprouvait à retenir les lansquenets et les Gascons
dans le service (2). Une phrase des *Registres capitulaires* de
Saint-André nous apprend d'ailleurs que les chanoines de la
primatiale lui avancèrent une somme assez importante et les
jurats 3,000 livres tournois, à titre de *don gratuit* fait au roi
pour subvenir aux frais de la guerre (3). Dans sa lettre au Roi,
Bonnivet se plaint aussi de ce qu'on ne lui envoie point de
chevaux pour l'artillerie, et de ce qu'il n'est possible ni
d'attaquer, ni de se défendre, parce que rien n'est fourni à
temps (4).

Déjà, peu de mois auparavant, le 24 avril 1521, M. de
Lachapelle, « lieutenant ordinaire de l'artillerie du Roy, »
accompagné d'un contrôleur de cette même artillerie, s'était
présenté au Conseil de la Jurade, porteur d'une *commission* de
M. Desparros, lieutenant général, afin d'obtenir des chevaux
de trait pour le service des bouches à feu. Tous deux essayèrent

(1) « Oultre ces troupes, l'admiral avoit commandement du Roy de lever
autant de Basques et de Gascons qu'il adviseroit estre à faire, afin de se rendre
plus fort. » *Histoire de Navarre*, par André Favyn, advocat en Parlement.
(Paris, 1612, in-8°.)

(2) GAILLARD, *Histoire de François Ier*, éd. de 1819, t. IV, p. 261.

(3) ARCH. MUNICIPALES DE BORDEAUX, JJ, Invent. somm. de 1751, aux mots :
Dons gratuits. Délibération du 24 juillet 1521. Quatre mois auparavant, les
jurats avaient déjà prêté au roi 6,000 livres, sur sa demande.

(4) GAILLARD, *Histoire de François Ier*, t. IV, p. 261.

en même temps d'emprunter des canons et des munitions de guerre.

On s'empressa de leur procurer les chevaux dont ils avaient besoin, mais on leur opposa pour le reste un refus motivé. Deux des jurats, MM. Ranconnet et de Valier, prirent la parole au nom du Conseil et répondirent aux deux commissaires : « *que tout ce qui étoit dans la ville étoit au Roy,* » mais qu'il n'était pas question d'artillerie dans la commission de M. Desparros et qu'il était impossible de leur en donner sans un ordre formel de François Ier; que d'ailleurs, en temps de guerre, Bordeaux, ville frontière, « *ne pouvoit se démunir* » sans danger (1).

Les craintes exprimées par MM. Ranconnet et de Valier, au nom de leurs collègues, n'étaient pas simulées. On savait que la flotte espagnole, sans parler d'un bon nombre de corsaires de cette nation, croisait dans le golfe de Gascogne, et le 19 juin, c'est-à-dire moins d'un mois après ce refus, les jurats prirent des mesures extraordinaires pour la sûreté de Bordeaux; il fut décidé que tous les chefs de famille monteraient la garde à tour de rôle aux portes de la ville, et qu'on ne laisserait que quatre de celles-ci d'ouvertes : deux pour donner accès aux gens venant du côté de la campagne et deux autres du côté du fleuve. Les quatre portes des Paux, de La Grave, Sainte-Eulalie, Saint-Germain et plusieurs autres furent provisoirement condamnées (2).

Les fossés de l'enceinte fortifiée avaient été élargis peu de mois auparavant (3), et l'on se mit à travailler activement aux ouvrages de défense.

Puis, comme l'année avait été mauvaise pour la récolte des

(1) ARCH. MUNICIPALES DE BORDEAUX, JJ, Invent. somm. de 1751, aux mots : *Artillerie* et *Contrôleur de l'artillerie.*

(2) ARCH. MUNICIPALES DE BORDEAUX, JJ, Invent. somm., aux mots : *Portes de la ville.*

(3) ARCH. MUNICIPALES DE BORDEAUX, série EE, carton 219 : Adjudication faite devant Mgr Desparros, lieutenant général en Guyenne, Bertrand d'Estissac, maire de Bordeaux, Colonna, « maître général des réparations et fortifications en Guyenne, etc., » des travaux à faire pour l'élargissement des fossés, etc., des 19 et 20 septembre 1520.

céréales et qu'on craignait une disette, on se hâta de faire venir des blés du dehors et d'interdire l'exportation des grains (1).

Tout à coup l'armée commandée par Bonnivet pénètre en Navarre, attaque et prend Château-Pignon, près Saint-Jean-Pied-de-Port; puis, par une manœuvre habile, donnant le change aux Espagnols, qui avaient mis tous leurs soins à fortifier Pampelune, tourne brusquement à droite, s'empare de Maya et de Biriatou (2), passe la Bidassoa à la vue d'un nombreux corps de troupes ennemies, dont l'intrépidité du comte de Guise et de ses lansquenets semble paralyser le courage, enlève le château de Béhobie et vient mettre le siége devant Fontarabie, qui, à cette époque et depuis longtemps déjà, faisait avec Bordeaux un important commerce d'échange.

« Cette place, une des plus importantes clefs de l'Espagne, dit Gaillard dans son *Histoire de François I*er, avait jusqu'alors passé pour imprenable; la nature avait pourvu de toutes parts à sa défense. Elle avait au levant la rivière d'Andaye, à l'embouchure de laquelle elle était située; une chaîne de montagnes la rendait inaccessible par le midi et le couchant; la mer qu'elle avait au nord pouvait lui fournir des rafraîchissements continuels, car la marine d'Espagne, moins négligée alors que celle de France, dominait sans rivale sur la mer de Biscaye et de Gascogne et venait insulter impunément les navires français jusques dans la Gironde (3). »

Cette dernière assertion n'a rien d'exagéré; elle concorde parfaitement avec ces deux lignes de la *Chronique bordelaise*, à l'année 1522 : « *Quelques pirates espagnols ayant couru la coste de Médoc, jusques près de Blaye, sont prins et pendus* (4). »

Le siége de Fontarabie fut mené avec vigueur et intelligence;

(1) ARCH. MUNICIPALES DE BORDEAUX, Invent. somm. de 1751, aux mots : *Approvisionnements de la ville.*

(2) *Nouvelle Chronique de la ville de Bayonne.* Bayonne, imprimerie de Duhart-Fauvet, 1827, vol. gr. in-8°, p. 125.

(3) GAILLARD, *Histoire de François I*er. Paris, 1769, t. II, p. 156.

(4) GABRIEL DE LURBE, *Chronique bourdeloise.* Bourdeaux, impr. de Simon Millanges, M.DC.XIX, vol. gr. in-8°, f° 39 v°.

chaque capitaine apte à ce service avait reçu la direction d'une pièce d'artillerie, et une brèche fut bientôt faite. L'assaut eut lieu sans plus attendre, mais il ne réussit d'abord point, malgré les « efforts incroyables » de Saint-Bonnet, de Curton et de Duras avec les Gascons et les Basques du roi de Navarre.

On eut alors l'heureuse idée de s'emparer d'une hauteur qui dominait la place, d'y dresser une batterie, et la ville se rendit.

Plusieurs historiens, et Mezerai en particulier, reprochent à Bonnivet de n'avoir pas fait démanteler Fontarabie. Le comte de Guise lui conseillait de le faire, et d'employer les matériaux à construire une forteresse à Hendaye, ville située sur la rive droite de la Bidassoa, du côté de la France; mais Bonnivet, enivré de ses succès, et croyant qu'ils le faisaient l'égal des plus grands capitaines, rejeta l'avis du comte de Guise, et, faute beaucoup plus grave, il négligea de s'emparer de plusieurs places qu'il lui était facile de prendre au lendemain de sa victoire.

Du reste Bonnivet, rappelé par François Ier, ne tarda pas à quitter la Navarre; il confia le soin de défendre Fontarabie au comte du Lude, auquel il laissa 3,000 Gascons, qui devaient bientôt se couvrir de gloire [1].

Jacques de Daillon, comte du Lude, avait déjà, dans maintes occasions, donné les preuves de la plus grande bravoure; à la tête de cent hommes d'élite, il contribua par son intrépidité au succès de la journée de Saint-Aubin, le 28 juillet 1488, et Louis XI lui donna la lieutenance de la compagnie qu'il commandait à cette bataille. Sous Charles VIII, il fit des prodiges de valeur : il fut blessé à Fornoue, où 8,000 Français culbutèrent, au revers des Alpes, 40,000 Italiens qui leur barraient le passage, et contribua beaucoup à la victoire en souvenir de laquelle fut élevée à Bordeaux la Porte du Palais. Enfin, pendant l'invasion du Milanais, il rendit à Louis XII

[1] *Histoire des comtes de Foix, Bearn et Navarre,* par Pierre Olhagaray, historiographe du Roy. Paris, 1629, p. 485. — *Histoire du royaume de Navarre,* par Gabriel Chappuy. Paris, 1596, p. 652.

les plus grands services à la tête de sa compagnie de gens d'armes.

Nommé gouverneur de Fontarabie et de la province de Guipuzcoa, il fut autorisé, par lettres-patentes datées de Lyon le 21 avril 1522, à prendre sur les recettes de la Guyenne les sommes nécessaires pour la subsistance de son armée (1). Il se hâta de faire réparer les brèches que l'artillerie française avait faites aux murs de Fontarabie et, autant qu'il le put, de munir la place de vivres, comprenant bien qu'il ne tarderait pas à être attaqué.

Au mois de juillet, en effet, Charles-Quint était de retour en Espagne. Le 16, il arriva à Santander, d'où il se rendit à Pampelune, et donna au connétable Don Inigo Fernandès de Velasco et à Philibert, prince d'Orange, le commandement de 24,000 hommes, en les chargeant de reprendre la place à tout prix (2).

Il n'y a qu'une voix parmi les historiens pour célébrer l'héroïsme avec lequel du Lude, aidé de ses 3,000 Gascons, défendit la place pendant treize mois contre toute l'armée espagnole.

Les vivres rassemblés à la hâte ayant été consommés en peu de temps, les assiégés en furent réduits, pour se nourrir, à des expédients cruels. Louvet dit qu'on mangeait les chats et les rats. Gaillard donne plus de détails encore : « Il soutint, dit-il en parlant de Daillon, les horreurs d'une de ces famines dont les exemples sont rares dans l'histoire des malheurs et des fureurs des hommes. Il y avait longtemps que tous les

---

(1) LOUVET, *Abrégé de l'histoire d'Aquitaine*, etc., p. 167. — Au mois de juin 1522, nous voyons des collecteurs royaux lever une cotisation sur tous les nobles et possesseurs de fiefs de la sénéchaussée de Guyenne, et le chapitre de Saint-André à Bordeaux, auquel François Ier s'était adressé peu de mois auparavant pour lui emprunter mille écus d'or, protester de ses droits à ne point y prendre part. (Voy. ARCH. DÉPARTEMENTALES DE LA GIRONDE, série G. *Registres capitulaires*, no 348, fo 37 ro.) — Dès le mois de mai, Jacques de Daillon envoie à Bordeaux un homme « sûr et actif, Jehan Chicot, trésorier de la municion en Guyenne pour le roi, nostre sire », afin d'y recevoir pour luy « denyers, blez, vins et autres victuailles et munitions ».

(2) OLHAGARAY, *Histoire des comtes de Foix, Bearn et Navarre*, p. 486.

animaux étaient dévorés et que les aliments les plus immondes, les plus dégoûtants, manquaient à la faim enragée de la garnison, qu'on s'arrachait des cuirs grillés, des parchemins bouillis, et du Lude ne parlait pas de se rendre, quoiqu'il ne reçût aucun secours (1). » Et pendant de longs mois encore, malgré cet état d'horribles souffrances, les Gascons, aidés par les habitants de Fontarabie, repoussèrent tous les assauts que tentèrent les troupes espagnoles.

« Bonnivet depuis longtemps était retourné à la Cour et ne songeait plus à Fontarabie que pour exagérer la gloire qu'il avait eue de s'en rendre maître. » François Ier, tout entier à la campagne d'Italie, avait un peu oublié la Navarre; mais le récit de la belle défense de Jacques du Lude et peut-être les reproches de celui-ci, qui dut écrire au roi pour lui demander des secours, lui firent enfin ouvrir les yeux. Il envoya le maréchal de Châtillon (2) avec une armée pour faire lever le siége de Fontarabie, tandis qu'une flotte, commandée par Lartigue, amiral de Bretagne, devait porter à cette place les vivres et les munitions dont elle avait un si pressant besoin.

Malheureusement, Châtillon ne put arriver que jusqu'à Dax, où la mort l'arrêta, le 24 août 1522; le maréchal de Chabannes, seigneur de La Palice, prit le commandement de l'armée; mais par suite du retard que mit à le seconder Lartigue, qui devait l'appuyer avec sa flotte, les mois de septembre et d'octobre se passèrent encore avant que du Lude fût secouru.

François Ier, si peu soucieux jusque-là du péril extrême que courait un de ses plus braves capitaines, apprend la position terrible dans laquelle il se trouve par la faute de ceux qui auraient dû le soutenir; et dès lors, transporté d'admiration pour l'héroïque défense de Jacques du Lude et de ses Gascons, ce prince, qui se connaissait en bravoure, déploie pour leur venir en aide autant d'activité et d'énergie qu'il avait montré jusque-là d'indifférence ou de mollesse.

1) GAILLARD, *Histoire de François Ier*, t. Ier, p. 171.
2) C'était le père du cardinal de ce nom, de l'amiral Coligny et de D'Andelot.

Il conjure Chabannes de ne pas perdre un instant pour sauver Fontarabie, et l'avertit qu'il va s'adresser aux Bordelais pour avoir des vaisseaux et de l'artillerie.

Le 4 novembre, il écrit aux jurats de Bordeaux une lettre, que je n'ai pu retrouver, pour leur demander de lui prêter tous les navires dont ils pourraient disposer.

Le lendemain 5, il leur adresse de nouveau quelques lignes très pressantes pour les informer qu'il a donné l'ordre à Antoine de La Rochefoucault, chevalier, seigneur de Barbezieux, d'aller prendre à Bordeaux le commandement de ces navires. Voici sa lettre, restée inconnue jusqu'ici :

« DE PAR LE ROY.

« *Tres chers et bien amez,*

« *Nous vous escripvismes hier à ce que vous eussiez à tenir la main et* » *faire ce que vous seroit possible pour recouvrer des navires et autres* » *vaisseaulx pour porter des vivres dans Fontarabie.*

» *Et pour ce que nous desirons, sur toutes choses, ladite ville estre* » *secourue par mer de vivres et autres chouses nécessaires et que* » *dilligence si face, nous escripvons presentement au seigneur de* » *Barbesieux se retirer à Bourdeaulx pour soliciter l'equippage des* » *navires qui se trouveront là, au long de la riviere, pour l'advitail-* » *lement d'icelle ville de Fontarabie, et de se mectre dessus et en* » *prendre la charge de le conduire pour mon service.*

» *A ceste cause, nous vous prions que, de vostre costé, vous y faictes* » *faire toute la dilligence qui vous sera possible, ad ce que ladicte* » *ville puisse estre advitaillée et equippée de ce qui lui est necessaire.*

» *Tres chers et grans amys, nostre Seigneur vous ait en sa sainte garde.*

» *Donné à Saint-Germain-en-Laye, le cinquiesme jour de novembre.*

» Signé : FRANÇOYS.

» Et contresigné au-dessous : DE NEUFVILLE (1). »

On voit que le roi s'adresse non seulement aux jurats, mais à ses « grans amys » les Bordelais.

_____

(1) ARCH. DÉPARTEMENTALES DE LA GIRONDE, E, notaires : *Minutes de Mathieu Contat*, 111-2. L'original de cette intéressante missive a dû très évidemment exister dans les Archives de la ville de Bordeaux; il est ou brûlé ou égaré; j'en ai retrouvé la copie aux Archives départementales de la Gironde.

En même temps Jacques de Chabannes, pressé par François Ier, envoyait à Bordeaux l'un des gentilshommes de sa suite, Eustache de Monetay, chevalier, seigneur des Forges, pour demander aux jurats de prêter au roi une partie de leur artillerie.

Lorsque ce gentilhomme arriva à Bordeaux, le sieur de Bossan était sous-maire de la ville, et Pothon de Ségur, seigneur de Francs, occupait les fonctions de prévôt; les jurats étaient Louis Macanan, Charles de Bordeaux, Louis de Rostaing, et Guillaume de Lestonnac, écuyers; maître Jehan Truchon, avocat, Guillaume de Bordes, fondeur de canons et maître canonnier de la ville (1), Grimon de La Ronde et Grimon Guichanère. Six d'entre eux avaient été élus le 25 juillet précédent et, suivant la coutume, étaient entrés en charge le 1er août, c'est-à-dire depuis fort peu de temps.

Quant au procureur-syndic de la ville, c'était Me Arnaud de Lavie, avocat au Parlement de Bordeaux.

Après avoir convoqué le *Conseil des Trente* pour délibérer ensemble sur la demande du maréchal de Chabannes, les jurats répondirent au seigneur des Forges, comme leurs prédécesseurs l'avaient fait l'année précédente à M. de La Chapelle : que les statuts de la ville leur défendaient de disposer de son artillerie, laquelle, à moins d'un ordre formel de Sa Majesté, ne devait être employée uniquement qu'à la défense de la cité, et qu'ils se voyaient, à leur grand regret, dans la fâcheuse obligation de lui opposer un refus.

C'est alors que, sur les instances de La Palice, Me François de Belcier, premier président au Parlement, accompagné de quelques gentilshommes, parmi lesquels Jehan de Rostaing, seigneur du Branar, « maître d'hôtel ordinaire du Roy, »

---

(1) Darnal, dans sa *Chronique bourdeloise,* trompé par la qualification de *maître* qu'on donnait aux membres du barreau et de la magistrature, mais aussi aux artistes et aux chefs d'atelier, fait de Guillaume de Bordes un avocat. C'est une erreur. Le fondeur de canons de la ville faisait quelquefois partie du Conseil de la Jurade, comme par exemple Jehan Gautier en 1406. (V. *Chronique bourdeloise,* édit. de 1619, f° 32 v°.)

2

messire Jehan de Bonneval, chevalier, capitaine de cinquante hommes d'armes de ses ordonnances, le sire de Doradel, et Regnault de Lalande, écuyer, vice-amiral de Guyenne, se rendit auprès des jurats et les supplia de ne point perdre de temps pour aider au salut de Fontarabie, dont il leur dépeignit la terrible situation, les invitant à prêter au roi toute l'artillerie nécessaire pour armer les vaisseaux destinés au ravitaillement de la place.

Malgré ces sollicitations pressantes et la haute position de ceux qui les leur adressaient, les jurats ne consentirent à remettre au seigneur des Forges que huit canons de fer et six pièces légères appelées *hacquebutes à croc* (1), matériel tout à fait insuffisant pour atteindre le but qu'on se proposait.

Cette persistance ou cet entêtement déplorable à ne point venir au secours d'une ville qui, nous l'avons dit, était avec Bordeaux en relations constantes, paraîtront peut-être odieux de la part des jurats; mais n'oublions pas que ces magistrats municipaux étaient, en leur âme et conscience, responsables du salut de leur propre ville, et que les incursions des corsaires espagnols, qui enlevaient les navires bordelais jusque dans les eaux de la Gironde et à quelques lieues de Bordeaux, ne leur permettaient pas de laisser dégarnir les fortifications ou l'arsenal de la ville.

Cependant le temps pressait, et d'un moment à l'autre du Lude pouvait être forcé de se rendre à discrétion. La Palice se trouvait à Bayonne à la tête du corps d'armée envoyé au secours de Fontarabie; craignant que le roi ne s'impatientât de cette résistance, il offrit aux jurats de répondre personnellement du matériel qu'on leur emprunterait, s'engageant, si quelques pièces de canon venaient à être perdues ou détériorées, à leur en faire faire de semblables ou à leur en payer la valeur.

(1) *Haquebute*, dit M. Littré, vient de l'allemand *hakenbüchse*, qui signifie arquebuse à croc; de *haken*, croc, et de *büchse*, canon d'arme à feu. — On verra plus loin (p. 29) que ces petites pièces étaient montées sur des trépieds. Lisez aussi la note (1), au bas de la même page.

Le 29 novembre, il leur écrivit la lettre suivante :

« *A Messieurs de la ville de Bourdeaulx.*

» *Messieurs,*

» *J'ai esté adverty par Monsieur de Forges, maistre d'oustel ordi-*
» *naire du Roy, lequel j'avoys envoyé à Bourdeaulx pour l'équippage*
» *de l'armée de mer que le Roy entend dresser pour advitailler*
» *Fontarabie, comme faictes difficulté de prester de vostre artillerie.*
» *et que ne voulez bailler que huyt pieces de fer et six hacquebutes*
» *à croc.*

» *Je vous prie, Messieurs, comme bons et loyaulx subjectz et serviteurs*
» *du Roy, que ne vueillez differer à prester de vostre dite artillerie*
» *pour mectre aus dits navires, et je vous assure que n'y perdrez riens*
» *et vous feray le tout randre.*

» *Et, en ce faisant, ferez tres grand service au Roy, duquel je*
» *l'advertiray ; vous priant n'y voulloir faillir car l'affaire dudit*
» *seigneur le requiert.*

» *Priant Dieu, Messieurs, qu'il vous domt (sic) ce que plus desirez.*

» *De Bayonne, ce* xxixe *jour de novembre.*

» *Le tout vostre bon amy,*

» CHABANNES (1). »

A cette lettre, à la fois si pressante et si amicale, était joint l'engagement suivant, écrit sur parchemin, et scellé de cire rouge aux armes du signataire (2) :

« PROMESSE DE MONSEIGNEUR LE MARESCHAL DE CHABANNES
» POUR MESSIEURS DE BOURDEAULX.

» *Nous,* JACQUES DE CHABANNES, *seigneur de La Palice, mareschal de*
» *France et lieutenant general pour le Roy en Guyenne, promectons à*
» *Messieurs les mayre, juratz, et habitans de la ville de Bourdeaulx,*
» *de leur randre et faire randre l'artillerie, harnoys et tout ce qu'ilz*
» *auront fourny pour l'equippage de l'armée de mer que le Roy faict*

(1) ARCH. DÉPARTEMENTALES DE LA GIRONDE, E, notaires : *Minutes de Mathieu Contat,* 111-2.

(2) Ce sceau, de forme circulaire, avait 48 millimètres et portait un écu au lion rampant, entouré du cordon de l'ordre du Saint-Esprit.

» *mectre sus, incontinent après que l'entreprinse de ladicte armee sera*
» *executee.*

» *Et si quelques pieces d'artillerie ou dudit equippage se perdoit, leur*
» *en ferons faire d'autre semblable ou la leur ferons payer.*

» *En tesmoing de ce, nous avons signé ces presentes de nostre main*
» *et faict sceller du scel de noʒ armes.*

» *Le* xxviiᵉ *jour de novembre, l'an mil cinq cens vingt et deux.*

(Signé) » CHABANNES.

(Et au-dessous) » P. MORIN (1). »

Le maréchal s'étant lui-même porté garant de l'emprunt qu'il allait leur faire, les jurats comprirent qu'ils ne pouvaient plus reculer ; d'ailleurs, au lieu d'une caution ils en eurent quatre, en comptant le premier président de Belcier, car François Iᵉʳ, averti de leurs hésitations, s'était hâté de leur envoyer la pièce suivante, qui était à la fois un ordre et une garantie :

« FRANÇOYS, *par la grâce de Dieu Roy de France, à* noʒ *tres*
» *chers et bien* ameʒ *les maire,* soubʒ-*maire,* juratʒ *et habitans de*
» *nostre bonne ville et cité de Bourdeaulx, salut :*

» *Comme puisnagueres Nous vous ayons faict demander et requerir*
» *certaine quantité d'artillerye grosse et menue pour ayder à conduire*
» *et mener seurement ung gros nombre de navires que envoyons pour*
» *l'advitaillement de nostre ville de Fontarabye, laquelle artillerie*
» *vous* aveʒ *faict difficulté de bailler et laisser partir et enlever de*
» *nostre dicte ville sans expresses lettres et mandement patent de*
» *nous.*

» *Nous, à ces causes, qui voullons promptement pourveoir à ce que*
» *ledict advitaillement dudict Fontarabye soit faict et envoyé seurement*
» *et promptement, vous mandons et expressement ordonnons, et à*
» *chacun de vous, si comme à luy appartiendra, que vous* bailleʒ *et*
» delivreʒ *ou faictes bailler et delivrer incontinent et sans delay le*
» *nombre et quantité de dix pieces d'artillerie de fonte, avecques le*
» *nombre et quantité de six ou sept pieces de fer et* LX *(soixante)*
» *hacquebutes à crochet avec les municions et autres choses servant*
» *auxdictes pieces, pour le tout mectre dedans lesdicts navires et*
» *vaisseaulx qui vont audict advitaillement.*

» *En prenant par vous promesse et seureté des sieurs de Barbesieulx*
» *et de Forges, ou l'un d'eulx, de vous rendre et restituer lesdictes*

(1) ARCH. DÉPARTEMENTALES DE LA GIRONDE, E, notaires : *Minutes de Mathieu Contat*, 111-2.

» *pieces d'artilleryre et municions apres le voiage, car tel est nostre*
» *plaisir, nonobstant quelʒconques ordonnances, statutʒ et editʒ faictʒ*
» *de ne tirer et transporter hors de nostre ville et cité de Bourdeaulx*
» *lesdictes pieces d'artillerie, à quoy, actendu l'urgent besoing et*
» *necessité qui en est, ne voullons quant à ce avoir lieu.*

» *Donné à Paris, le deuxiesme jour de decembre l'an de grâce mil*
» *cinq cens vingt-deux et de nostre regne le huitiesme.*

» *Par le Roy* (1).

« Signé : Dencasaille (?) »

Cet ordre formel de François Ier, que les jurats avaient
exigé pour se mettre à couvert et pouvoir, en dépit des statuts
de la ville, disposer d'une partie de son arsenal, ne dut arriver
à Bordeaux que du 15 au 20 décembre, les « chevaucheurs de
la grande écurie du Roy » mettant à cette époque quinze,
dix-huit et même vingt jours pour venir de Paris.

Les jurats, sollicités de tous côtés et touchés du péril extrême
que courait Fontarabie, n'avaient pas attendu ce moment pour
prêter les canons et les armes dont on avait besoin pour armer
la flotte de transport. Dès le 4 décembre, ils avaient averti
Messieurs de Barbezieux et des Forges qu'ils tenaient à leur
disposition vingt-quatre pièces d'artillerie de fonte ou de fer et
vingt-quatre hacquebutes à croc, c'est-à-dire un bien plus grand
nombre de canons de gros calibre que n'en demandait le roi,
et toutes les pièces légères dont ils avaient pu disposer.

Trois maîtres fondeurs de Bordeaux, Jehan Marc, Mathurin
Grasmorceau et Guillaume de Bordes (2), furent appelés pour
en faire l'estimation et en dresser un inventaire détaillé. Le
même jour, 4 décembre, par devant Mathieu Contat et Pierre
de Bidan, notaires royaux, maître Arnault de Lavie, procureur-
syndic de la ville, déclare en avoir fait la remise à Eustache
de Monetay, seigneur des Forges. L'acte rédigé à cette
occasion contient cette clause particulière, que le premier

---

(1) Arch. de la ville de Bordeaux, série EE, carton 211 : *Artillerie de la
ville*, pièce originale sur parchemin.

(2) On a vu plus haut que Guillaume de Bordes, « maître canonnier de la
ville, » faisait partie des jurats.

président de Belcier se porte caution pour le maréchal de Chabannes.

A partir de ce moment, une activité extraordinaire règne dans le port de Bordeaux. On met en batterie l'artillerie à bord des navires sous les ordres du sire de Monetay, tandis qu'un commissaire spécial envoyé par La Palice, Mathieu Vivien, passe des marchés pour des quantités considérables de blé, de vin et d'avoine, et en surveille l'embarquement.

Ce mouvement se continue du 4 décembre 1522 au 25 janvier 1523, et je relève dans les minutes d'un seul notaire, Guillaume Payron, les noms de vingt-deux navires en chargement pour Fontarabie.

La Marie et *la Bonne-Aventure,* de Bordeaux ; *le Guillaume* et *le Mathelin,* de Saint-Just ; *la Marie, le Nicolas, la Jehannette* et *la Françoise,* d'Arvert ; *le Maurice, la Marie, le Jehan, le Guillaume* et *la Margueritte,* de Marennes ; *la Catherine* et *la Bonne-Aventure,* de l'île d'Oléron ; *la Marie* et *la Michelle d'Albret ; la Marie,* de Saujon ; *la Catherine,* de Saint-Sorlin ; *la Bonne-Aventure,* de Saint-Savinien ; *la Jehannette,* de Saint-Jean d'Angély, et *la Françoise,* de Brouage, prennent à leur bord 10,476 boisseaux de blé ou d'avoine et 1,596 barriques de vin ; et la flotte, suffisamment pourvue de canons, d'armes de trait et de munitions de guerre, met à la voile et se dirige vers Bayonne, où l'attend Jacques de Chabannes.

Il n'y avait pas une minute à perdre pour secourir la ville assiégée, dont les défenseurs étaient à bout de forces. La Palice, plein d'une généreuse impatience, marche à la tête de ses troupes vers la Bidassoa, qu'il franchit à la vue des ennemis, dont l'armée, déjà supérieure à la sienne, vient encore s'augmenter de 6,000 lansquenets commandés par le comte de Furstemberg. Il attaque leurs lignes de bataille, les force, et tandis qu'Espagnols et Allemands s'enfuient honteusement dans les montagnes de Biscaye, il entre triomphant dans Fontarabie, qui voit enfin arriver l'heure du salut !...

Après un pareil siége et d'aussi longues souffrances, du

Lude avait besoin de repos. Il revint à la cour, où il fut reçu avec enthousiasme, et où, dit un historien, on ne l'appelait plus que le *Rempart de Fontarabie* (1).

Plus de vingt-cinq ans après, en 1549, Henri II, voulant effacer dans le cœur des Bordelais le souvenir des cruautés du connétable de Montmorency, « ne trouva meilleur moyen, dit Louvet, que de leur donner le comte du Lude pour gouverneur de la province en l'absence du roi de Navarre. » Et il ajoute que la ville de Bordeaux fit à Jean de Daillon une somptueuse entrée, « *à cause de la belle reputation que son père y avoit laissé en la deffence de Fontarabie* (2). »

Les efforts de Jacques du Lude pour conserver cette place et l'héroïsme dont il fit preuve, ainsi que ses 3,000 Gascons, furent malheureusement inutiles. Instruit par l'expérience d'un long siége des côtés faibles qu'elle présentait, Chabannes avait mis tous ses soins à les renforcer par la construction de nouveaux ouvrages de défense. Au bout de peu de mois, elle était si forte, si bien garnie de troupes et si abondamment approvisionnée, que lorsque Charles-Quint, qui commandait en personne son armée des Pyrénées, fit part à ses capitaines de son projet de l'attaquer de nouveau, tous, et plus particulièrement le duc d'Albe, le désapprouvèrent hautement.

L'empereur venait d'échouer dans sa tentative contre Bayonne, que Lautrec, gouverneur de la Guyenne, secondé par la population de cette ville, défendit avec courage, et tout faisait supposer qu'il ne serait pas plus heureux devant Fontarabie. Malheureusement, Chabannes, suivant le désir du roi, avait confié la défense de cette dernière place à un vieil officier, qui, dans plusieurs occasions, avait cependant donné des preuves d'une grande bravoure, Frauget, lieutenant de la compagnie des gens d'armes du feu maréchal de Châtillon, et ce traître, conseillé par Pierre de Navarre, fils ou neveu du maréchal don Pedro, eut l'insigne lâcheté de rendre la forte-

(1) GAILLARD, *Histoire de François Ier*, p. 173.
(2) *Abrégé de l'histoire d'Aquitaine, Guyenne et Gascogne*, seconde partie, p. 165.

resse aux Espagnols, moins d'un mois après en avoir reçu le commandement.

« Le roi, dit un historien déjà cité (1), conçut une si violente
» colère contre Frauget, qu'il voulait lui faire trancher la tête, et
» s'il lui fit grâce de la vie, ce fut pour le couvrir d'une infamie
» plus cruelle que la mort pour un homme de cœur tel que
» Frauget avait paru l'être jusqu'alors; il le fit casser et
» dégrader de noblesse sur un échafaud dans la place publique
» de Lyon, avec les cérémonies les plus ignominieuses. »

Monluc, qui avait alors vingt ans à peine et qui fut nommé
capitaine dans cette courte campagne, met en opposition, dans
ses *Commentaires,* l'héroïsme de Jacques de Daillon et la
lâcheté de Frauget : « La perte de ceste place, dit-il en
» parlant de la remise de Fontarabie aux troupes de Charles-
» Quint, nous osta un grand pied que nous avions en Espaigne.
» Ce fut là où quelques années auparavant le sieur du Lude
» acquist une gloire immortelle pour avoir sousteneu le siége
» un an entier avec toutes les extrêmités du monde. Celuy-là
» en rapporta honneur et Frauget honte et ruine. Ainsi va le
» monde et la fortune (2). »

Revenons à l'artillerie bordelaise. On trouvera peut-être
extraordinaire qu'une ville de commerce puisse, sans porter
atteinte à sa propre sûreté et sans trop diminuer ses moyens de
défense, prêter au roi de France quarante-huit pièces de canon;
mais il faut se souvenir que Bordeaux était depuis des siècles
ville de guerre en même temps que port marchand; qu'à
l'instar des républiques italiennes, son organisation était toute
militaire en même temps que démocratique et commerciale;
que sans cesse sur le qui-vive et forcée de veiller à sa propre
conservation, la commune de Bordeaux prenait à sa solde des
archers, des arbalétriers et des hommes d'armes, fondait des

(1) GAILLARD, *Histoire de François Ier.* Paris, 1819, t. II, p. 94 et 95.
(2) *Commentaires du maréchal Blaise de Monluc,* édit. Buchon (*Panthéon
littéraire*). Paris, 1839, p. 11. — Monluc n'est pas le seul écrivain du terroir
de Gascogne qui se soit occupé de ce fait historique. Montaigne y consacre
quelques lignes dans le chapitre intitulé : *De la punition de la couardise*
(*Essais,* livre Ier, chap. XVI).

canons, armait des navires de guerre et possédait un arsenal; qu'un siècle avant de prêter des engins au roi de France, elle en avait prêté au roi d'Angleterre; qu'elle entreprenait des expéditions militaires, enlevait des forteresses et des châteaux, signait avec les villes voisines des traités d'alliance offensive et défensive, et, non contente de se défendre elle-même, protégeait ses filleules, c'est-à-dire Libourne, Bourg, Blaye, Saint-Émilion, Saint-Macaire, Castillon, Rions et Cadillac.

Depuis l'annexion définitive de Bordeaux à la couronne de France, en 1453, les choses s'étaient un peu modifiées, sans toutefois changer complètement de face. Les jurats qui, depuis cette époque, avaient successivement gouverné la ville, n'ignoraient pas que les rois d'Angleterre n'avaient jamais pu se consoler entièrement de la perte de la Guyenne, et, redoutant de leur part quelque tentative sur la cité dont ils avaient la charge, ils avaient mis tous leurs soins à la maintenir dans un bon état de défense, et, dans ce but, avaient augmenté peu à peu son arsenal d'un matériel considérable.

Ces magistrats avaient eu recours à un moyen assez simple pour arriver à ce résultat sans trop exagérer les dépenses municipales. Ils avaient décidé que chaque citoyen auquel on accorderait des lettres de bourgeoisie donnerait à la ville une arme offensive ou défensive, et même, si sa fortune le lui permettait, une pièce d'artillerie. Les Archives dont j'ai la direction conservent encore la trace d'un certain nombre de dons de cette nature.

Il est probable qu'une partie au moins des canons prêtés au roi par les Bordelais ne fut pas rendue; car trois ans après, en 1525, les jurats déployèrent une grande activité pour augmenter le nombre des bouches à feu que possédait l'arsenal de la ville. Mathurin Grasmorceau, l'un des maîtres canonniers que nous avons nommés plus haut comme chargés de dresser l'inventaire du matériel emporté à Fontarabie, reçut l'ordre de fondre sans retard un nombre assez considérable de pièces neuves (1).

_____

(1) ARCH. MUNICIP. DE BORDEAUX, JJ, Invent. somm. de 1751, au mot : *Artillerie*.

Le 26 juillet, deux des jurats, MM. Mazet et Jouen, chargés par leurs collègues de l'inspection de ce travail, rapportent que 34 pièces de canon sont déjà achevées, et que dans peu de jours celles qui restent à faire seront prêtes.

En outre, on passe un marché avec Mme de Lautrec, à laquelle on achète sur pied un certain nombre d'arbres et en particulier de très beaux frênes de sa vicomté de Fronsac, pour changer les affûts des anciennes pièces. On traite avec « André Chantereau, canonnier du roy », pour remonter à nouveau 4 batardes, 4 moyennes et 162 hacquebutes à croc; et le 23 août, on fixe les appointements de Jacques Grignon, habile maître charron, qu'on avait fait venir à Bordeaux pour faire les roues des affûts.

Aussi, peu d'années après, en 1530, les jurats, pour célébrer dignement l'entrée d'Éléonore, sœur de Charles-Quint, que François Ier venait d'épouser, purent-ils mettre en batterie sur les quais : 14 gros canons, 19 moyens, 24 faucons ou fauconnaux, 32 couleuvrines, 200 hacquebutes à croc, et 200 mortiers, c'est-à-dire QUATRE CENT SOIXANTE-CINQ bouches à feu de tous calibres, dont les détonations formidables se mêlèrent pendant vingt minutes à celles de l'artillerie des forts et des navires de la rade (1).

Voici maintenant *in-extenso* l'inventaire qui fut fait par des hommes spéciaux, et par devant notaires, du matériel de guerre prêté par les Bordelais à François Ier, à l'occasion du siége de Fontarabie :

« C'EST LE NOMBRE ET L'EXTIMACION DE L'ARTILLERIE QUE ONT BAILLÉ
» MESSIEURS LES SOUS-MAIRE ET JUREZ DE BOURDEAULX, POUR MECTRE ÈS
» NAVIRES, EXTIMEES PAR LES MAISTRES FONDEURS ET CANONYERS CI-AMPRÈS
» NOMMEZ AU PIED DES PIECES CI-AMPRÈS SPECIFFIÉES ET DECLAIRÉES, LE
» QUART JOUR DE DECEMBRE MIL CINQ CENS XXII.

» *Et premierement un faucon, à gueulle de lyon davant, monté de*
» *fust et de roues, du poids de huyt cens livres.*

(1) ARCH. HISTORIQUES DE LA GIRONDE, t. IV, p. 155. Dans un Mémoire adressé au roi en 1542, à l'occasion d'un procès soutenu contre les jurats par les avocats, procureurs, bourgeois et marchands de Bordeaux, on affirme « qu'il n'y avoit *ville, dans tout le royaume, mieux réparée et munie d'artillerie et de tous autres harnois de guerre que la ville de Bordeaux.* » (ARCH. MUNICIPALES DE BORDEAUX, série JJ, Invent. somm. de 1751, au mot : *Bourgeois.*)

» *Plus, quatre collevrines moyennes, montées de roues, de fust, du*
» *poix la piece de neuf cens.*

» *Plus, ung autre faulcon desmonté, à gueulle de serpent entour les*
» *tourillons, poysant troys cens cinquante.*

» *Plus, ung autre faulconneau moindre, à gueilhe de serpent davant,*
» *du poix de deux cens ou plus.*

» *Plus troys autres petitz faulconneaulx poysans deux cens cinquante*
» *ou enyyron.*

» *Plus, deux douze acquebutes à crochet pesant sept cens ou envyron.*

» *Plus, deux collevrines moyennes, semées de fleurs de lys et de*
» *lyons, montées de fust et de roues et merchées des armes [de la ville?]*
» *le darriere, du poix de quatorze à quinze cens la piece.*

» *Plus, troys pieces de fer, montées de fust, en leurs boytes, valant*
» *chacune, quarante escuz.*

» *Plus, troys courtaulx de fer avecques leurs boytes, extimées à*
» *trante escuz sol, l'ung portant l'autre.*

» *Plus, deux autres petites pieces de fer avecques sept boytes,*
» *comprises les troys mentionnées en l'article precedent.*

» *Plus, troys grandes pieces de fer avecques leurs boytes, extimées*
» *l'une portant l'autre, quarante escuz sol; pour ce, six vingtz escus.*

» *Faicte ladicte extimacion par Jehan Marc, Mathurin Grasmorceau*
» *et Guillaume de Bordes, fondeurs et canonnyers, et ce pour equipper*
» *les navires qui doibvent partir du port et havre de ceste dicte ville de*
» *Bourdeaulx, pour aller en l'armée au service du Roy* [1]. »

COULEUVRINE DE LA FIN DU XVe SIÈCLE, AVEC SON AFFUT.

[1] Arch. départementales de la Gironde, série E, notaires : *Minutes de Mathieu Contat*, 111-2.

Il n'est pas sans intérêt de comparer ce curieux inventaire avec les documents que renferment sur l'artillerie bordelaise au commencement du quinzième siècle, c'est-à-dire cent ans auparavant, les trois plus anciens Registres de la Jurade que nous possédions encore (1); le parallèle peut servir à constater une fois de plus les progrès qu'avait faits l'artillerie dans cet espace de temps et la transformation qui s'était opérée dans la fabrication des engins de guerre.

De 1406 à 1422, dates extrêmes de ces trois manuscrits, nous voyons fondre à Bordeaux, par Arnaud de Narp, Jehan Gautier, etc., et sur l'ordre des jurats, des pièces de fer et d'acier d'un calibre énorme, désignées tantôt sous le nom de *canons* et tantôt sous celui de *bombardes*. Les projectiles qu'elles lançaient étaient en pierre, de forme sphérique, et atteignaient le poids considérable de 500 et même de 700 livres.

Leurs affûts ou supports massifs, composés de madriers de bois d'une pesanteur considérable, étaient fixes, et il ne fallait pas songer, pendant le siége d'une forteresse, à les transporter sur un point plus favorable à l'attaque, ce qui ne surprendra personne, si l'on songe qu'il fallait monter une machine spéciale pour soulever la pièce et la placer dans les encastrures de l'affût.

C'est vers le milieu du quinzième siècle seulement qu'on s'occupa de perfectionner les affûts et de les rendre mobiles au moyen de roues; aux pièces de gros calibre succédèrent des canons beaucoup plus légers et faciles à enlever. On cite avec raison l'impression produite sur les Italiens par la vue de l'artillerie, si mobile, de Charles VIII, à son entrée dans Rome, le 31 décembre 1494.

(1) Ces trois curieux manuscrits, renfermant sur l'organisation municipale de Bordeaux dans les premières années du quinzième siècle de si précieux détails, sont écrits en gascon; mais ils contiennent un grand nombre de documents en latin, en français et même en espagnol. Une Commission, dont on ne saurait trop louer le zèle désintéressé, en dirige l'impression. Celui de 1406 à 1408 est déjà imprimé, grâce à la persévérance d'un infatigable travailleur, membre de la Commission, M. Henri Barckhausen.

L'inventaire des pièces bordelaises prêtées au maréchal de Chabannes contient des échantillons de tous les calibres. On y voit figurer des couleuvrines et des faucons de 1500, 900 et 800 livres, et des fauconneaux de 350 et 200 livres seulement; enfin des *hacquebutes* ou acquebutes à croc, très petites pièces dont le poids variait entre 30 et 60 livres, et montées sur des affûts ou trépieds d'une légèreté telle qu'on les pouvait transporter à bras (1).

Cette trop grande variété avait ses inconvénients, puisqu'il fallait fondre pour chaque pièce des projectiles particuliers, et sous ce même règne l'artillerie française fut réduite à six calibres réglementaires.

On remarque aussi dans cette nomenclature l'emploi du mot *tourillons,* qui indique l'un des perfectionnements les plus essentiels apportés à l'artillerie du quatorzième siècle. On appelle ainsi les deux appendices cylindriques placés de chaque côté du canon, vers le tiers de la pièce, et qui font corps avec elle. Placés de cette manière, ils reçoivent presque tout l'effet du recul et le répandent pour ainsi dire sur les flasques dans lesquelles ils sont encastrés solidement. Cette disposition, combinée avec le mouvement en arrière que les formes des flasques permettent au canon, ôte à la force du recul tous ses effets désorganisateurs.

Un autre mot qui revient assez fréquemment dans la pièce qui nous occupe est celui de *boîte,* qui indique qu'à Bordeaux, comme ailleurs, on n'avait pas encore renoncé à l'ancien système d'une chambre ouverte et séparée du corps du canon, dans laquelle on mettait la charge.

(1) Le 29 juillet 1525, l'un des jurats de Bordeaux, M. Dauro, avertit ses collègues au Conseil de la ville, que le grenetier de Libourne avait acheté à Mme de Lautrec de très beaux frênes, dont on avait besoin « pour monter les hacquebutes à croc », et qu'il serait possible de les racheter à un prix raisonnable.

Les minutes du notaire Charrier, aux Archives départementales de la Gironde, contiennent, à la date du 2 août 1527, l'acte de vente à noble Jehan de Campaigne, écuyer, capitaine du Château-Trompette, de « *deulx pieces d'artielerie, hacquebutes à crouchez, prestes et montées, douze boulletz de plong et ving sacquot de pouldre.* »

Les quatre derniers articles de l'inventaire se rapportent à
d'anciennes pièces du quinzième siècle, en fer, se chargeant
par la culasse (1).

Mais ce qui distingue surtout les canons du seizième siècle
de ceux du quatorzième et du quinzième, c'est l'ornementation,
et l'on voit déjà éclater dans la désignation des pièces bordelaises le goût de la Renaissance. Les gueules de lions et de
serpents, les fleurs de lys et les écussons armoriés prouvent
qu'il y avait alors parmi les fondeurs bordelais de véritables
artistes, et que Bordeaux, depuis longtemps renommé pour la
trempe de ses alamelles et de ses fers de lance, était loin d'être
en arrière pour la fabrication de l'artillerie.

---

(1) On voit que pour le calibre des pièces et leur mode de chargement, on en
revient aujourd'hui aux essais qui furent faits au quinzième siècle. On peut
dire avec assurance qu'il n'y a rien de nouveau sous le soleil. Au seizième
siècle, en 1557, un capitaine bordelais, nommé Jehan de Lassalle, écrivait au
roi de Navarre et lui proposait de faire construire, pour défendre l'entrée de la
Gironde, des batteries flottantes cuirassées, à tourelles mobiles. (ARCH. HISTOR.
DE LA GIRONDE, t. Ier, p. 120.)

LES

BORDELAIS INCONNUS

LES

BORDELAIS INCONNUS [1]

BERTHOMIEU YDRON

ous avons eu l'occasion, dans les quelques pages consacrées par nous à la guerre de Navarre, de dire combien le commerce entre Bordeaux et l'Espagne était considérable à la fin du quinzième siècle et au commencement du seizième. Les minutes des notaires de cette époque conservent la trace d'un grand nombre de chargements dirigés par des Bordelais sur Saint-Sébastien, Bilbao, Santander ou Fontarabie, d'où les marchandises étaient réexpédiées à l'intérieur de l'Espagne.

En échange des laines de Ségovie, des armes blanches de Tolède ou de Placentia, Bordeaux fournissait à cette contrée des quantités considérables de cordages, de vins et de pastel.

On comprend dès lors combien la guerre entre François Ier et Charles-Quint, mais surtout l'occupation de Fontarabie par les troupes impériales, dut être préjudiciable aux intérêts du

---

[1] Nous détachons d'une série de notes biographiques, destinées à être publiées sous ce titre général, les quelques pages suivantes, qui se rattachent par plusieurs points à l'étude qu'on vient de lire.

commerce bordelais. Le supplice de quelques pirates espagnols, pris à l'entrée de la Gironde en 1522, ne fit qu'exciter leurs compatriotes à les venger, et il fut bientôt presque impossible aux navires armés à Bordeaux, Bayonne ou Saint-Jean-de-Luz, de se hasarder en mer.

Dans les années qui suivirent la trahison de Frauget et la perte de Fontarabie, les actes de piraterie augmentèrent à un tel point, que ces bâtiments n'osaient plus sortir seuls du golfe de Gascogne, et ne se risquaient à tenter une expédition qu'au nombre de sept ou huit au moins et munis de saufs-conduits, dans lesquels ils avaient moins de confiance que dans leur artillerie (1).

Les pirates espagnols trouvèrent bientôt à qui parler : un grand nombre de Bordelais sollicitèrent des lettres de marque et en obtinrent. L'amiral de Guyenne et de Bretagne était alors ce célèbre Louis de La Trémouille, prince de Talmon et général à dix-huit ans, que Guichardin appelle le premier capitaine du monde. Son lieutenant à Bordeaux était un gentilhomme dont le nom figure aux premiers rangs dans l'histoire de cette ville, Jehan de Rostaing, seigneur du Branar et de Gajac, maître d'hôtel ordinaire du roi. Nous avons sous les yeux la copie d'un certain nombre de saufs-conduits délivrés par lui, au nom du sire de La Trémouille et comme vice-amiral, pendant les années 1522, 1523 et 1524.

Une grande activité régnait alors dans le port et dans la ville; on y fondait de l'artillerie de tous calibres ; on armait galères et caravelles ; de tous côtés on engageait des canonniers, des arbalétriers, des hommes d'armes, et les maîtres de navires

(1) Les caravelles du Nord de la France n'étaient pas plus rassurées que celles du Midi. Citons une procuration donnée par un marchand de Beauvais, Eustache Ledoyen, à Nicolas Sesille, de Rouen, pour rassembler, « avecques l'aide Nostre Seigneur, huit navires tant Bretons que Normans, aulx ports et havres d'Angleterre, et iceulx ramener, Dieu aidenct aussy, au port et havre de Bourdeaulx; et pour sureté a baillé et delivré aulx maistres des navires les doubles des sauconduictz, c'est assavoir du Roy d'Angleterre et de l'Ampereur, avecques les estaches des admyraulx de France, d'Angleterre et du dit Ampereur, avecques le grant sceau. » (ARCH. DÉPARTEMENTALES DE LA GIRONDE, série E, notaires : Minutes de Charrier, 95-3.)

des ports voisins venaient même recruter à Bordeaux une partie de leur personnel militaire (1).

Que de combats depuis longtemps oubliés eurent lieu à cette époque entre des corsaires français et espagnols! Que d'actes d'héroïsme ignorés aujourd'hui, dont il reste à peine une trace fugitive dans quelques manuscrits d'une lecture difficile! Que d'hommes inconnus dont le nom méritait de passer à la postérité! Qu'il me soit au moins permis de chercher à tirer de l'oubli celui de l'un d'eux, Bordelais, sur lequel, après de longues recherches, j'ai pu réunir un certain nombre de documents, malheureusement très incomplets. Au lieu d'un portrait, je ne puis offrir qu'une esquisse aux trois quarts effacée par le temps; mais il m'a semblé que, telle qu'elle est, cette esquisse même aurait de l'intérêt pour quelques personnes.

L'homme dont nous allons parler était un marchand de Bordeaux, nommé Berthomieu ou Barthélemy Ydron; si mes calculs sont exacts, il devait être né vers l'an 1475; dans tous les cas, dès le commencement du seizième siècle, il est déjà possesseur d'un navire, *la Marie de Bordeaux,* patron Guillemin; le 19 septembre 1500, il prend à son bord un chargement de vins à destination de Londres, pour le compte de Pierre del Poyo ou du Puy, l'un des grands marchands bordelais à cette époque.

Nous avons relevé avec soin, dans les minutes de douze notaires, les actes qui le concernent; les opérations commerciales que nous lui voyons faire consistent en achats, ventes et expéditions de fer, de sardines, de vin, de pastel et de blé.

A l'intérieur, c'est avec la Normandie, la Saintonge et le Poitou qu'il fait des échanges; au dehors, avec l'Angleterre et l'Espagne, principalement avec les deux ports de Fontarabie et de Saint-Sébastien.

(1) Par acte du 9 juin 1522, le patron du navire *le Saint-Esprit,* du port de Saint-Jean-de-Luz, prend à sa solde deux canonniers bordelais, Guilhem Gué et Pierre Thibault, au prix de deux écus d'or chacun pour un voyage; en stipulant que « sy durant le dit voyage et retour il se faict aulcun abordaige, les dits Gué et Thibault y auront le doict qui leur y peult appartenir, comme canoniers, suyvant l'usance et mode de la guerre. »

Le 14 décembre 1505, il se marie avec une veuve, Jacquette Charretier, qualifiée d'*honnête personne*, et Me Jacques Turpaud, notaire royal, chargé de la rédaction du contrat, spécifie que sa future lui apporte en dot une somme de 600 francs bordelais, dont il lui garantit la possession, s'engageant à la doubler, si elle vient à lui donner des enfants, ce à quoi elle n'eut garde de manquer.

Les nouveaux époux s'établirent d'abord dans l'une des deux maisons qu'ils possédaient rue des Ayres, près de la porte de ce nom, à l'angle de la ruelle Saint-Antoine; l'autre fut louée par eux, avec le jardin et le puits qui en dépendaient.

Dès l'année suivante, Ydron avait galamment donné à un autre de ses navires le nom de sa femme. Le 8 janvier 1507, *la Jacquette,* de Bordeaux, était à Bilbao avec un chargement de sardines, que son propriétaire vend à deux marchands de Bayonne à raison de 20 fr. le millier.

En 1510, ses affaires continuant à prospérer, Ydron achète à son beau-frère Vidault de Lespiault, marchand comme lui, une maison avec chai et jardin, située aux Chartreux-les-Bourdeaulx, dans la paroisse Saint-Remy, au prix de 300 francs bordelais.

Un peu plus tard, c'est en face de Bordeaux, à La Bastide, dans la paroisse de Cenon, que Berthomieu et sa femme achètent des maisons et des terres, et vont s'établir.

Le *bourdieu,* ou la propriété close dont ils venaient de faire l'acquisition, s'étendait jusqu'au port de La Bastide, le *Peyrat* comme on disait alors, dont il était séparé par le chemin royal; il était bordé, le long de cette voie, par de magnifiques aubiers et fermé par une clôture en planches; au delà commençaient les vignes, qui étaient fort belles [1]. Le vin qu'on y récoltait ne dépassait pas les qualités ordinaires et se vendait 20 fr. le tonneau, prix moyen des vins de Bordeaux à cette époque [2].

---

[1] ARCH. DÉPARTEMENTALES DE LA GIRONDE, série E, notaires : *Minutes de Moreau,* 388-2, acte du 18 juin 1520.

[2] *Idem, Minutes de Pierre Joyeux,* 318-1, fo 90.

Le 26 octobre 1519, Ydron achète à un Espagnol, Domingo de Mirango, un troisième navire nommé *la Marie de Saint-Sébastien,* avec trois ancres, trois câbles de rechange, et tous ses « appareilz et habillemens », et de plus « *un petit sien bateau faict en forme de galion* », au prix de 70 ducats de bon or et de bon poids, payés comptant.

Domingo et ses matelots s'engagent, en outre, à le servir en « l'art et office de navigation, en tous lieux et tous pays » où il lui conviendra de les mener.

Nous laissons de côté un grand nombre d'actes relatifs à des opérations commerciales faites par Ydron, mais qui ne nous apprennent rien de nouveau quant à son caractère ni à la nature de ses relations.

A plusieurs reprises, il se porte caution pour différentes personnes et se reconnaît garant de sommes importantes, ce qui prouve d'une part qu'il jouissait d'une grande considération, et de l'autre que sa position de fortune était excellente.

Un marchand de Bordeaux, Mathieu de Lagarde, qui sans doute avait des griefs particuliers contre les Espagnols, ayant obtenu de Louis XII des lettres de marque et de « représailles », avait fait saisir dans le port de cette ville un navire nommé *le Saint-Nicolas de Plaisance,* commandé par Domingo Dessolordon, de Placentia, petite ville d'Espagne. A la suite d'un procès devant la Cour de l'Amirauté de Guyenne, Domingo avait offert de payer à Mathieu de Lagarde 160 écus d'or au soleil pour recouvrer son navire. Ce fut Berthomieu Ydron qui, par acte notarié, se porta garant de cette somme (1).

En 1518, un vieillard de soixante-dix ans, « noble homme Marcon de Sarraing, seigneur de Favars, maître d'hôtel ordinaire du Roy et son procureur en la sénéchaussée des Lannes, » étant venu à Bordeaux, avait pris son pied à terre à l'hôtellerie de l'*Image Saint-Antoine* et s'était vu dans

(1) ARCH. DÉPARTEMENTALES DE LA GIRONDE, E, notaires : *Minutes de Turpaud,* 497-3.

l'impossibilité de solder une note de 60 livres tournois, montant de ses dépenses dans cette maison (1).

Sans respect pour ses titres et qualités, Thomas Mazet, l'hôtelier, avait fait enfermer le seigneur de Favars dans les prisons de l'Hôtel de Ville; mais Ydron, auquel il s'était adressé, ayant acquitté sa dette, il fut rendu à la liberté (2).

Enfin, dans le courant de l'année 1520, un navire chargé de blé pour le compte de deux frères, Jehan et Fort de Minvielle, marchands de Bordeaux, s'était perdu près de Nantes, à l'embouchure de la Loire. La cargaison avariée ayant été réexpédiée aux deux frères, le Parlement, qui désirait, à la suite d'un procès porté à sa barre, en connaître l'estimation, confia ce soin à Bastien de Rabar, son premier huissier, et lui adjoignit comme experts « honorables hommes Jehan Caillau et Berthomieu Ydron, bourgeois et marchands de Bordeaux », nouvelle preuve de la considération dont jouissait ce dernier (3).

Nous avons dit combien la lutte avec l'Espagne dut nuire aux intérêts du commerce bordelais; la situation devint plus fâcheuse encore après la déclaration de guerre de Henri VIII à la France, en 1522. Grâce à l'habileté de Charles-Quint, qui séduisit par ses largesses le cardinal Wolsey, et surtout aussi par la promesse de l'aider à obtenir la tiare, une armée anglaise débarqua à Calais, tandis que les impériaux

---

(1) Arch. départementales de la Gironde, E, notaires : *Minutes de Moreau*, 388-1. La maison de l'hôtellerie de l'*Image Saint-Antoine* appartenait à noble homme Barthélemy de Dieuzayde, seigneur d'Aiguille, sous-maire de Bordeaux en 1517.

(2) Il paraît qu'Ydron eut quelque peine à rentrer dans ses avances, car l'affaire fut portée devant le Parlement de Bordeaux en 1518, et Marcon de Sarraing, qui avait intérêt à apaiser son nouveau créancier, s'engage à le payer à la Notre-Dame d'Août. Clause singulière, Ydron le somme de s'exécuter à l'époque fixée, sous peine d'excommunication. On lit en effet ces mots, écrits dans le singulier latin de cette époque : *Monitus fuit dictus Marcon de Sarraing ad solvendum dictam summam dicto Ydron infra tamen supradictam, sub penâ excommunicationis, de suo consensu et voluntate ad requestam dicti Ydron.*

(3) Arch. départementales de la Gironde, E, notaires : *Minutes de Cochet*, 104-1.

assiégeaient Bayonne et Fontarabie, et envahissaient la Champagne.

Les rares navires de commerce qui, à cette époque, osaient encore se hasarder en mer, ne le faisaient plus que munis de trois saufs-conduits des amiraux de France, d'Espagne et d'Angleterre, garanties souvent très insuffisantes, qui coûtaient fort cher et ne s'obtenaient que difficilement (1).

Ydron se ressentit de ce malaise général; il est facile de s'apercevoir que, dès la fin de l'année 1521, ses affaires devaient être embarrassées, car il emprunte de l'argent à différentes personnes et souvent à de très gros intérêts.

Au mois de septembre 1521, il emprunte à un prêtre, Clément Mole, l'un des bénéficiers de l'église Saint-Michel, 111 francs bordelais, qu'il s'engage à lui rendre peu de mois après (2). Le 4 juin de l'année suivante, il reconnaît avoir reçu, à titre de prêt, de Mᵉ Jehan de Dieuzayde, chanoine et trésorier de Saint-Seurin et doyen de Saint-Émilion, trois coupes d'argent à pied doré, pesant 9 marcs moins 6 onces (3).

Par une clause spéciale, Ydron s'engage à les rendre au chanoine à la fête de la Toussaint, et, en cas de perte, à les lui payer au prix de 15 livres tournois le marc. Or, à cette époque, la valeur du marc d'argent n'est guère que de 13 livres tournois; elle n'atteignit 15 livres que vers 1542; il est probable que le chanoine, profitant de la gêne momentanée du marchand, lui imposa ses conditions. C'était donc un prêt d'environ 135 livres tournois, ou 3,712 francs de notre monnaie, puisque 2 livres à cette époque valaient à peu près 55 francs au taux actuel de l'argent.

Tout semblait d'ailleurs à cette époque se tourner contre Berthomieu Ydron; il venait de perdre au Parlement un

(1) Voyez, à ce sujet : Arch. départementales de la Gironde, E, notaires : Minutes de Charrier, 95-3.
(2) Arch. départementales de la Gironde, E, notaires : Minutes de Cochet, 104-1.
(3) Arch. départementales de la Gironde, E, notaires : Minutes de Payron, 419-1, fº 92.

procès dont les frais restaient à sa charge, et, au moment où il croyait pouvoir encaisser, à La Rochelle, le montant d'un chargement de fer acheté par lui à Fontarabie, Jehan du Brana, trésorier de la ville de Bordeaux, avait mis opposition au paiement.

On comprendra facilement que, gêné dans ses affaires, Ydron, homme actif et énergique, dont les relations avec l'Angleterre et l'Espagne se trouvaient tout à coup paralysées et qui peut-être avait vu l'une de ses cargaisons ou l'un de ses navires capturés par les vaisseaux ennemis, ait pris la résolution de mettre son énergie et ses rancunes au service de son pays et de suivre l'exemple des Espagnols en faisant sur mer quelques prises pour se dédommager.

Dans les premiers mois de l'année 1524, il obtint de Louis de La Trémouille, par l'intermédiaire de Jehan de Rostaing, son vice-amiral, une commission de capitaine en chef, et pendant qu'on armait sa petite escadre à La Rochelle, il s'occupa de rassembler à Bordeaux un certain nombre de marins et d'hommes d'armes déterminés.

Nous possédons les noms de quelques-uns d'entre eux, tous Bordelais, ce sont : Jehan Bourgoing, Jehan de Bauquaut ou Baucaut, Pierre de La Serre, Étienne Dudon, Marquet Barreau et Antoine Lescalle.

« Au moys d'avril de l'an mil cinq cens vingt-quatre, tous » ensemble et plusieurs autres compaignons marignés et gens » de guerre de ceste ville de Bourdeaulx, partirent en la » compaignie de Berthomé Ydron, cappitaine en chef, soubz » la charge de Monseigneur l'amiral, et tous ensemble avec » ledit Ydron s'en allèrent embarcher à La Rochelle pour » aller sur mer, en guerre, au service du Roy [1]. »

Ydron avait sous ses ordres, comme chef d'escadre, quatre navires bien pourvus d'artillerie et d'armes de trait, mais qui n'avaient encore qu'une partie de leurs équipages et de leurs

---

[1] ARCH. DÉPARTEMENTALES DE LA GIRONDE, E, notaires : *Minutes de Charrier*, 95-1, f° marqué 608, le 114ᵉ du registre.

arbalétriers. Il s'agissait d'en compléter le nombre et dans ce but de gagner les côtes de Bretagne.

Dans ces fâcheuses conditions, ils rencontrèrent dans le courant du mois de mai une escadre espagnole à laquelle ils ne purent échapper; un combat s'engagea, le grand mât du navire que montait le capitaine Ydron fut rompu d'un coup de canon, et il dut s'estimer fort heureux de gagner, probablement à la faveur de la nuit et sans autres avaries, le port de Brest, où il arriva la veille de l'Ascension.

En quarante-huit heures, malgré la fête, le dommage fut réparé, et Ydron ayant pris à bord de ses quatre navires les trois cents hommes qui l'attendaient et complété leurs équipages, mit à la voile le vendredi, lendemain de l'Ascension, se dirigeant vers les côtes d'Angleterre.

On avait encore à cette époque un grand respect pour les fêtes reconnues par l'Église, et cette extrême précipitation à réparer ses avaries et à reprendre la mer semble indiquer qu'Ydron avait un but précis, qu'il avait sans doute reçu l'avis du passage de quelque convoi sous l'escorte de bâtiments de guerre comme semblent l'indiquer quelques lignes du document que nous avons sous les yeux et que nous citerons tout à l'heure.

Il est regrettable pour notre histoire locale de n'avoir aucuns détails sur l'expédition dont je suis le narrateur succinct. Il faut donc que le lecteur se contente des quelques faits dont je puis lui donner connaissance, faits qui ont du moins le mérite d'être appuyés de preuves.

A la tête de sa flottille, Ydron, poussé peut-être par les vents contraires, gagna l'île d'Aurigny, y fit une descente suivi d'une partie de ses hommes et y mit le feu.

Mais ce n'était pas là ce qu'il cherchait, c'était un convoi de galions anglais : sans doute quelques indications lui firent supposer qu'il venait d'entrer dans le canal Saint-Georges, car, s'étant rembarqué ainsi que ses gens, il doubla le cap Lizard avec ses quatre navires et se dirigea vers les côtes d'Irlande où il eut enfin la chance de rencontrer le pavillon ennemi.

De combien de voiles était composée l'escadre anglaise? je

l'ignore; le récit très bref auquel j'emprunte les faits qui nous occupent dit que les Bordelais aperçurent « les galyons du Roy d'Angleterre » et « une grosse nef à trois hunes », c'est-à-dire une pinasse (1) nommée *la Mygnone du Roy d'Angleterre*, et les attaquèrent immédiatement.

Au dire de la même attestation, qui ne saurait être contestée puisqu'elle est faite en justice, sous la foi du serment, peu de temps après la lutte, et par six des acteurs qui y prirent part, le combat fut très meurtrier, et de part et d'autre on se battit avec tant d'acharnement que les Anglais eurent plus de cent vingt hommes tués et que, du côté des Français, quatre-vingts furent mis hors de combat (2) et quinze furent blessés.

On voit que ce fut là mieux qu'une escarmouche et combien il est regrettable que nous n'ayons pas le récit de ce combat naval, où Berthomieu Ydron commandait en chef. L'attaque dut avoir lieu d'après les dispositions prises par lui, et, sans parler de son courage personnel, on peut hardiment lui attribuer une bonne part de la victoire.

On peut aussi, par cet exemple, se rendre compte à quel point les combats sur mer étaient meurtriers à cette époque, et voici qui vient à l'appui de cette thèse : nous savons, par un acte notarié, qu'une rencontre sur mer eut lieu la veille de la Toussaint, c'est-à-dire le 30 octobre de cette même année 1524, à la hauteur de l'île de Noirmoutier; des navires espagnols, attaqués par des corsaires français, furent pris ou brûlés par eux après s'être vaillamment défendus. Un maître canonnier, Héliot Bonyn, qui faisait partie de l'équipage d'un corsaire nommé *le Lion du vicomte de Dieppe*, fut blessé de sept coups d'arbalète et vint à Bordeaux pour s'y faire soigner (3).

---

(1) La *pinnace, pinace* ou *pinasse* était, au seizième siècle, un bâtiment à poupe carrée, qui marchait à voiles et à rames et qui portait trois mâts.

(2) Si du moins nous comprenons exactement le sens du texte. Voici la phrase dont il s'agit : « *Et se batirent si très fort qu'il en mourut plus de six vingts hommes d'Angleterre et quatre de ceux dudit Ydron et quinze qui furent blacez.* »

(3) L'un des corsaires français se nommait *la Salamandre*; un second, *le Lion du vicomte de Dieppe*. Les noms des autres navires nous sont inconnus.

Les quatre navires placés sous les ordres de Berthomieu Ydron ne prirent d'ailleurs aucune part à ce dernier combat, car celui-ci était de retour à Bordeaux au commencement du mois d'octobre 1524, comme le constate l'attestation en justice de plusieurs de ses marins et hommes d'armes.

Le 13 octobre, en effet, en compagnie d'un archer nommé Pierre Fétis, il signe, comme témoin, une procuration par laquelle « honorable homme Pierre Piédecerf, capitaine pour le Roy notre sire », se fait représenter dans un procès devant la Cour de l'Amirauté de Guyenne.

Fit-il de nouvelles expéditions, c'est probable, car de l'année 1524 à l'année 1530 les différents actes dans lesquels il figure sont passés au nom de sa femme Jacquette Charretier, comme s'il était absent. Il est facile de voir d'ailleurs que ses affaires prirent, grâce à son activité et sans doute aux captures qu'il fit en mer, une meilleure tournure, et la considération dont il jouissait, loin de diminuer, s'accrut très certainement : on n'en saurait donner de meilleure preuve que le mariage de sa fille, Louise Ydron, avec un gentilhomme d'une grande maison, dont le nom figure à plusieurs reprises dans le cours de ce travail : noble François de Rostaing, écuyer, seigneur de Ferrade, fils ou frère du vice-amiral de Guyenne.

La jeune mariée elle-même est qualifiée du titre de « damoiselle », fille de sire Berthomieu Ydron, bourgeois de Bordeaux, « demeurant sur le Peyrat de La Bastide. » Elle apporte à son mari une dot de 800 francs bordelais, à peu près 17,000 francs de notre monnaie, sur lesquels François de Rostaing reçoit de son beau-père « un gallion du port de quinze tonneaux avecques les matz et une ancre pour le prix de 100 francs bordelais » et le reste en monnaies courantes d'or et d'argent. Peut-être ce galion était-il le résultat de quelque prise.

Au mois de mars de l'année 1522, Ydron avait marié l'aînée de ses filles, Thomasine, à un riche marchand de Bordeaux, nommé Jehan Dupuy, et lui avait compté 500 fr. de dot. Désirant en bon père de famille qu'elle n'eût point lieu de se plaindre, il saisit l'occasion du mariage de sa sœur cadette pour doubler cette somme.

Thomasine, devenue veuve, s'allie aussi à la noblesse, et sans doute après la mort de son premier mari elle était venue habiter avec sa mère, car dans son contrat de mariage avec Louis de Moncuc, écuyer, elle est désignée comme « demeurant à La Bastide, paroisse de Cenon ».

L'un des témoins est Pierre de Laude, écuyer, seigneur du Solley.

Berthomieu Ydron mourut dans les derniers mois de l'année 1530; on trouve même, dans les minutes du notaire Pierre Joyeux, le commencement de la formule d'insinuation de son testament devant « Jehan Bernatge, licencié en droit, lieutenant de vénérable et illustre Me Jehan d'Olivier, archidiacre de Cernès et official de Bordeaux, de par monseigneur Charles de Gramont, archevêque de Bordeaux et primat d'Aquitaine. » Malheureusement je n'ai pu, malgré mes recherches, retrouver le testament lui-même, qui nous eût peut-être fourni quelques détails importants sur les dernières années de la vie de Berthomieu Ydron, de cet homme énergique, dont il faut ajouter le nom à la liste, déjà si intéressante, des corsaires bordelais.

PIÈCE JUSTIFICATIVE

UJOURD'UY XIe jour de mars l'an mil cinq cens xxiiii, par devant moy notaire et tabellion du Roy nostre sire, du nombre des quarente en la ville et cité de Bourdeaux et en la duché de Guienne, presens les tesmoings soubz scriptz et nomez s'est comparu et presenté BERTHOMÉ YDRON, bourgeois et marchant de ceste ville de Bourdeaux, lequel a dict et declairé que pour monstrer du bon droict qu'il avoit en certain procès pendant en la court de Parlement de Bourdeaux, entre luy appelant du seneschal de Guienne et demandeur l'enterinement de certaines lectres Royaulx d'une part, et de messire Federic de Foix, appellé et deffendeur d'autre, luy estoit besoing et necessaire faire notifier comment depuis le moys d'avril mil cinq cens xxiii, jusques au moys d'octobre au dict an il avoit esté absent du pays et demouré sur la mer au service du Roy.

Pour monstrer de ce, a produit : Jehan Bourgoing; Jehan de Bauquaut; Pierre de La Cerre; Estienne Dudon, le jeune; Marquet Bareau et Anthoine Lescalle, les tous demourans en la ville et cité de Bourdeaulx;

Lesquels, emprès serment solenpnel par eulx faict aux sainctz euuangilles nostre Seigneur touchez de leurs propres mains dextres de dire et attester verité, de ce par moy notaire soubz signé estant oyz, et interrogez sur ce que dict est, tous ensemble d'une voix ont dict et atesté :

Que au moys d'avril dernier passé, l'an mil cinq cens vingt-quatre, tous ensemble et plusieurs autres compaignons marignés et gens de guerre de ceste ville de Bourdeaulx, partirent en la compaignie de Berthomé Ydron, cappitaine en chef, soubz la charge de Monseigneur l'amiral et tous ensemble avec le dit Ydron s'en allerent embarcher à La Rochelle, pour aller sur mer en guerre au service du Roy, demourent sur la mer depuis le dit temps, jusques au mois d'octobre dernier passé au dit an.

Et en outre ont dict et atesté que au moys de mai dernier passé, en combatant avecques les Espaignaulx, les dits Espaignaulx rompirent le mat de leur dict navyre et furent contrainctz d'aller ramaser leur dict mas à Brestz, la vigile de la feste du corps Nostre Seigneur.

Et le lendemain de la dicte feste du corps Nostre Seigneur partirent du dit Brestz pour eulx en aller en la couste d'Angleterre, avecques troys autres navyres soubz la charge dudict Ydron.

Ausquelz navyres y prirent avec troys cens homes, ou environ, et descendirent en l'isle de Sorigne en Angleterre, en laquelle ysle mirent le feu;

Et de la allerent en la couste d'Irlande, là où trouverent les galyons du Roy d'Angleterre, ensemble une grosse nef à trois hunes nomée *la Mygnone du Roy d'Angleterre*, et se batirent si très fort qu'il en mourut plus de six vingts hommes d'Angleterre et quatre de ceux du dit Ydron et quinze qui furent blacez.

Et les choses susdites nous susdits attestons, certiffions le tout estre vray, notoire.

Duquel dire et atestacion susdicts, le dict Ydron m'en a requis acte pour luy servir et valloir en temps et lieu, ce que luy ay otroyé.

Es présences de Sasepart Safren et Jehan Michon, tesmoings ad ce appellez et requis.

(Arch. départementales de la Gironde, E, notaires : *Charrier*, 95-1, fᵒ marqué 608, le 114ᵉ du registre.)

L'ARMURERIE MILANAISE

A BORDEAUX

AU QUINZIÈME SIÈCLE

L'ARMURERIE MILANAISE

A BORDEAUX

AU QUINZIÈME SIÈCLE [1]

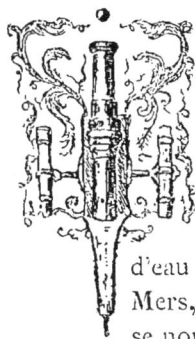

L y a dans la commune d'Escoussans, près de Bordeaux, dans cette partie de la basse Guyenne qu'on nommait autrefois la Bénauge, où régnaient ces comtes de Foix qui s'inclinaient à peine devant l'autorité royale, une petite localité qui ne se doute guère, je pense, d'où vient son nom. Traversée par un cours d'eau [2] qui descend des collines de l'Entre-deux-Mers, en donnant la vie à quelques moulins, elle se nomme *Larmurey*.

Ce nom date de la seconde moitié du quinzième siècle et lui vient d'un armurier milanais, habile dans les secrets de son art, qui se nommait Ambroise de Karoles.

A l'époque où il s'établit à Bordeaux, en 1485, les armuriers milanais, célèbres depuis plus d'un siècle, joignaient, dans les armes défensives qui sortaient de leurs mains, la solidité à l'élégance des formes. La mode était alors aux cuirasses

(1) Cette notice, imprimée à Bordeaux en 1867, n'avait été tirée qu'à cent exemplaires seulement, dont aucun ne fut mis dans le commerce.

(2) L'*Euille*, en gascon le *Riu de Lulha*, petite rivière qui prend sa source un peu au-dessus de Targon, et se jette dans la Garonne, à Cadillac.

4

bombées à cannelures, et déjà le goût de la Renaissance leur donnait cette grâce particulière qui nous frappe dans toutes les œuvres de cette époque remarquable.

Il faut remonter aux croisades pour trouver en Europe l'origine des armures. Avant la première de ces expéditions lointaines, on connaissait déjà en France et en Italie « le tissu de fer dont les Orientaux formaient des casaques défensives »; mais les imitations qu'on en faisait étaient grossières, d'un poids énorme, et faciles à transpercer. Le haubert de mailles, que les Arabes portaient depuis longtemps, fut introduit chez nous à cette époque et remplaça les *haubergeons, brigandines* et *jacques* qu'on portait précédemment, lourdes applications de plaques de fer sur des casaques de toile ou de cuir.

Cette tranformation ne s'opéra que lentement; les anciens vêtements de guerre étant d'une fabrication beaucoup plus simple et beaucoup moins coûteuse, on continua longtemps encore à en faire usage.

Ce ne fut que sous le règne de Philippe-Auguste et sous celui de saint Louis, que la chemise de mailles devint d'un usage général pour les chevaliers, qui souvent portaient aussi des chausses de mailles pour se garantir les cuisses, les jambes et même les pieds.

Vers la fin du douzième siècle, à l'époque de la troisième croisade, on voit apparaître les *cubitières,* qui protégeaient le coude; peu après, les *genouillères;* et, enfin, les *demi-jambières,* dont on voit quelques exemples sous Philippe le Hardi.

L'époque de transition entre l'ancienne armure de mailles et la nouvelle armure en fer ou en acier, appelée *armure plate,* date des trente premières années du quatorzième siècle pour l'Italie.

En France et en Angleterre, on continue pendant un demi-siècle à porter la cotte de mailles.

Sous Charles VI, on ajoute, pour la première fois, au bas de la cuirasse, des plaques mobiles désignées sous le nom de *faltes,* qui couvraient la partie inférieure du ventre, sans gêner les mouvements du corps.

Enfin, dès les premières années du quinzième siècle, l'élégance des formes et le luxe des ornements commencèrent à s'introduire dans les armures, qui, jusque-là, avaient été simples et unies.

L'armure complète d'un chevalier était alors un ensemble de pièces fort compliqué; elle se composait d'un *heaume* ou casque de fer et d'une *cuirasse* reliés entre eux par un *haussecol* ou gorgerin; de *brassards,* de *gantelets,* de *jambards,* de *cuissards,* et de *grèves* ou bottes de fer; les brassards étaient réunis à la cuirasse par les *épaulières,* et les *jambards* par trois ou quatre rangs de plaques métalliques appelées *tassettes;* enfin, les genouillères servaient à masquer la partie inférieure des cuissards et à protéger la rotule.

A cette nomenclature des armes défensives, il faut ajouter l'*écu* ou bouclier long, qui prenait quelquefois le nom de *targe,* en changeant de forme.

Les armes offensives étaient : la *lance,* l'*épée;* la *hache d'armes,* qu'on suspendait à l'arçon de la selle; la *masse d'armes,* lourde massue garnie de pointes de fer; et la *miséricorde,* l'arme du moment suprême, dont le nom sinistre éveille tout un monde d'idées.

Il n'est pas douteux que les épées et les dagues de Bordeaux n'aient joui, au moyen âge, d'une grande réputation; M. Francisque-Michel, dans son *Histoire de la Guerre de Navarre,* cite un passage, devenu célèbre, d'un poète arabe du treizième siècle, Ibn-Sayd, qui ne laisse aucun doute à cet égard [1]. Froissard, ajoute le même écrivain, nous montre les acteurs du combat des Trente, armés de courtes épées « roides et aiguës », et le sire de Berkley, combattant avec une épée de Bordeaux, « bonne et légère, et roide assez. » Il nous parle de lances affilées, de fer de Bordeaux et d'épées

[1] Paris, Imprimerie impér., 1856, 1 vol. gr. in-4°, p. 403. — Voyez aussi *Histoire du Commerce et de la Navigation à Bordeaux,* par le même auteur, t. Ier, p. 316.

forgées dans cette ville, « dont le taillant estoit si aspre et si
dur que plus ne pouvoit. » Un poète du quatorzième siècle,
Eustache Deschamps, place les dagues de Bordeaux et les
épées de Clermont à côté des armes renommées de Milan et
de Damas. Voici la première strophe de sa ballade (1) :

> De males dagues de Bourdeaulx
> Et d'espées de Clermont,
> De dondaines, et de cousteaulx
> D'acier qui à Milan se font,
> De haiche à martel qui confont
> De croquepois, de fer de lance,
> D'archegaie qu'on gette et lance,
> De faussars, espaphus, guisarmes,
> Puist-il avoir plaine sa pance,
> Qui me requerra de faire armes.

Enfin, le *Registre de la Jurade* de 1414 à 1416, précieusement conservé aux Archives de Bordeaux, fait mention
d'une série de contestations survenues en 1414, entre les jurats
de cette ville et Guillaume Marceille, capitaine de Saint-
Macaire, qui réclamait dix épées commandées par lui à un
armurier bordelais, et qui avaient été saisies par les gens de la
ville. Guillaume Marceille, dans sa réclamation, explique que
ces armes étaient destinées à être offertes à certains « chevaliers
et escuiers de loustel du Roy Louis ».

Si la capitale de la Guyenne était à juste titre renommée
pour la fabrication de ses lames d'épée, ou, comme on disait
alors, de ses *alamelles,* l'Italie et surtout Milan conservaient la
priorité pour celle des armes défensives. Jusqu'au quinzième
siècle, Milan garda précieusement le secret d'une trempe
qu'elle était seule à posséder.

En 1398, le comte de Derby, plus tard Henri de Lancastre,
sur le point d'entrer en lice avec le duc de Norfolk, s'adressa,
pour avoir des armes, à Galéas de Milan qui, non content de

---

(1) *Poésies morales et historiques* d'Eustache Deschamps, écuyer, publiées
pour la première fois d'après le manuscrit de la Bibliothèque du Roi. Paris,
Crapelet, imprimeur; 1832, p. 132.

satisfaire à sa demande, lui envoya gracieusement, en outre, quatre armuriers milanais (1), les meilleurs de la Lombardie, dit Froissart.

Par une coïncidence singulière, un siècle plus tard, le 6 mai 1485, quatre armuriers italiens signaient, devant un notaire de Bordeaux, un acte d'association de vingt années, pour la fabrication et la vente de l'armurerie à Bordeaux (2).

Les trois premiers : Ambroise de Karoles, Étienne Daussonne et Glaudin Bellon, étaient « natifz du pays de Mylan en Lombardie, » et le quatrième, Pierre de Sonnay, « de la duché de Savoye. »

Il serait intéressant de savoir au juste comment ces quatre hommes furent amenés à quitter leur patrie pour venir s'établir en France, et quelles raisons leur firent choisir Bordeaux de préférence à toute autre ville.

Il y avait depuis le commencement du quinzième siècle un grand et double courant établi d'Italie en France et de notre pays en Italie. Louis XI, par les facilités et les encouragements qu'il donna au commerce et à l'industrie, et surtout en renonçant au droit d'aubaine sur les étrangers domiciliés à Bordeaux, donna un nouvel essor à ce croisement des deux peuples. On sait que pour faciliter l'accroissement de la population, ce roi rendit une ordonnance par laquelle les étrangers qui s'établissaient à Bordeaux pouvaient disposer à leur gré des biens qu'ils y avaient acquis, sans lettres de naturalité et sans être tenus de lui rien payer pour cela, non plus qu'à ses successeurs.

Depuis que les Sforza avaient remplacé à Milan les Visconti, les Lombards s'étaient répandus dans toute l'Europe plus encore que par le passé, et, grâce à leurs capitaux, ils tentaient sur tous les points les opérations les plus hardies.

Les foires de Lyon, surtout, depuis leur création par Louis XI, attiraient, avec celles de Beaucaire, un grand

---

(1) *Chroniques* de Froissart (édition du *Panthéon littéraire*), t. III, p. 317.

(2) ARCH. DÉPARTEMENTALES DE LA GIRONDE, E : *Minutes d'Olivier Frapier*, 278-1, f° 72.

nombre de Milanais ; ils rencontraient dans ces deux villes des marchands de Bordeaux, dont l'imagination méridionale devait nécessairement leur faire de la capitale de la Guyenne une description assez colorée pour leur inspirer le désir d'y venir tenter la fortune.

Quel qu'ait pu être le motif qui décida nos quatre armuriers à quitter Milan, l'association formée par eux pour vingt ans ne dura que cinq années, de 1485 à 1490. A cette époque, Glaudin Bellon avait déjà abandonné ses compatriotes, peut-être pour retourner en Italie ; ils résolurent à leur tour de se séparer. Il est probable que ce fut Ambroise de Karoles qui proposa cette rupture, sollicité qu'il était par Gaston de Foix d'aller s'établir en Bénauge.

De même qu'ils avaient passé un contrat par devant notaire, pour régler leur *association,* ils en passèrent un autre pour la rompre ; douze ans après, dans son testament, Ambroise de Karoles, parlant de ce dernier acte, dit qu'il fut rédigé par un notaire de Bordeaux dont il ne se rappelle plus le nom, mais qui demeurait devant l'église Saint-Pierre (1). Ce nom, nous l'avons retrouvé après de longues recherches : c'est celui de Me Pierre Arnaut. La pièce, qui ne porte point de date, doit être de la fin de l'année 1490, ainsi que l'indique la première phrase ; elle est d'ailleurs placée entre deux actes de cette époque. En voici la teneur :

« *Sachent tous qui ces presentes lectres verront et ourront que cum* » *le temps passé de six ans ou environ* (2), Estienne Daussonne, » Ambroys de Caron *(Karoles) et* Glaudin Bellon, *natifz du pays de* » Mylan en Lombardie, *et* Pierre de Sonnay, *natif de la duché de* » *Savoye, lesquels se fussent associes, acompaingnes et adjustez entre* » *eulx, lun avecques lautre, de faire leur residensse personnelle et* » *continuelle à ouvrer et trafiquer du mestier de armurerie, et ce pour* » *lespace de vingt ans ou environ, et cum en apres a petit de temps le* » *dit Glaudin Bellon fust et se soyt desparti et delaisse de la dite* » *compaingnie et associacion des dits Estienne Daussonne, Ambroys*

(1) ARCH. DÉPARTEMENTALES DE LA GIRONDE, E : *Minutes d'Olivier Frapier,* 278-I, f⁰ 72 r⁰.

(2) Nous avons dit que l'acte d'association était du 6 mai 1485.

» *de Caron et Pierres de Sonnay, ainssi quilʒ ont dit et declaire, est*
» *assavoir que aujourduy dessoubʒ escript, en la presence de moy*
» *notaire public et des tesmoings cy dessoubs nommes, ont este presens*
» *et personnellement establiʒ les dits Estienne Daussonne, Pierres de*
» *Sonnay et Ambroys de Caron, lesquelx de leur bon gre, pure et*
» *agreable volunte, se sont desassocieʒ, desacompaingnes et delaisses,*
» *et par ces presentes se desassocient et despartent lun de lautre et*
» *se sont quictes et quictent et despartent lun de lautre a jamays et*
» *perpetuellement de tout ce quilʒ ont entreprins et heu a faire*
» *ensemble de tout le temps passé.* »

Avaient-ils réalisé des bénéfices pendant ces cinq années ?
C'est fort douteux ; car nous savons, par le testament d'Ambroise, que les comptes de l'association furent réglés, et que
Pierre de Sonnay et Martin Daussonne restèrent ses débiteurs,
le premier, de 7 sols tournois, et le second, de 11 livres 5 sols,
sommes qui n'étaient pas payées douze ans après.

Le fer dont on se servait à Bordeaux, au quinzième et
au seizième siècle, pour la fabrication des armes de guerre,
et dont ils durent faire usage, était tiré du Périgord, de
l'Agenais et du Limousin. Parmi les forges dont nous avons
retrouvé la trace dès les premières années du seizième siècle,
citons celle de Saint-Front, près Mussidan, au diocèse de
Périgueux ; la forge du Bugue ou des Aysis, près de Bergerac ;
celle du Pont-à-la-Blanche à Saint-Junien, en Limousin, et
les hauts-fourneaux de Parrauqueuchs, en Agenais, dont les
produits étaient renommés. Dans les premières années du
règne de François Ier, le quintal de fer valait 30 sous, c'est-à-
dire environ 41 fr. de notre monnaie. Quant au minerai de
fer, qui abonde dans les landes de Gascogne, et on peut dire
aux portes de Bordeaux, on ne paraît pas avoir eu l'idée
de l'utiliser à cette époque, si toutefois on en connaissait
l'existence.

J'ignore à quelle époque Ambroise de Karoles, après sa
séparation d'avec ses associés, quitta Bordeaux pour venir
s'établir dans la paroisse d'Escoussans ; tout fait supposer,
comme je l'ai dit, que ce fut l'année même de cette séparation,
en 1490, sur la demande de Gaston de Foix, deuxième du

nom, qui lui donna des terres voisines de son château de
Bénauge, et lui permit d'établir un moulin sur le *Riu de Lulha*.

Ce nom d'Escoussans est celui de l'une des plus anciennes
seigneuries de la province; l'un des quatorze hauts barons qui
relevaient directement des comtes-ducs de Guyenne, était le
seigneur d'Escoussans-Langoiran.

D'après l'abbé Cirot, Bernard Seguin, seigneur d'Escoussans, fut du nombre des barons qui accompagnèrent Guillaume,
duc d'Aquitaine, au concile de Bordeaux, le 9 octobre 1080.
La famille Seguin conserva ce fief jusqu'au treizième siècle
inclusivement.

Au quinzième siècle, Escoussans appartenait aux comtes
de Foix, et c'est devant leur cour seigneuriale que les habitants
portaient leurs contestations et venaient réclamer leur droit.

Ambroise de Karoles embaucha des ouvriers et se mit à
l'œuvre. Un de ses anciens associés et compatriotes, Étienne
Daussonne, étant venu à mourir, il prit auprès de lui son fils,
Martin Daussonne, pour lui enseigner la fabrication des armes
et les secrets de l'art milanais.

Puis il se maria, et de sa femme Jehanette Ducasse, il eut
un fils, nommé Charles, qu'il perdit bientôt après et qui fut
enterré dans l'église d'Escoussans.

Le comte de Foix, nous l'avons dit, était à cette époque
Gaston, fils de Jean IV et petit-fils d'Archambauld de Grailly,
qu'en raison de ses services, Charles VIII, par lettres-patentes
du 10 septembre 1488, nomma grand sénéchal de Guyenne,
dignité qu'il conserva jusqu'en 1491. Il avait épousé Catherine
de Foix, infante d'Aragon, et, par l'étendue de ses domaines
et le nom de ses ancêtres, il était presque l'égal d'un roi.
Quand Charles VIII parle de lui, il le désigne ainsi : « Notre
cher et amé cousin. » Soit qu'il habitât sa maison de Puy-
paulin, à Bordeaux, ou son château de Bénauge, il avait avec
lui une véritable cour. Les minutes de Me Olivier Frapier,
notaire du comte à cette époque, auquel nous empruntons la
plupart des renseignements relatifs à Ambroise de Karoles,
nous font connaître les noms de MM. de Ségur, d'Anglade.

de Marsan, de Roquetaillade, de l'Isle, de Caupène, du Cros, de la Chapelle, du Luc, de Ruhat, d'Esclassan, de Chassaignes, de la Baylie, de Gères, de Sainte-Croix (1), de Lamensans, de Castetja, de Navailles, etc., pour lesquels l'habile Milanais fabriquait des armes, et dont la plupart figurent dans son testament.

Plusieurs de ces seigneurs avaient reçu de Gaston de Foix des fonctions ou des charges particulières : Jehannot de Lamensans (2) commandait pour lui le château de Bénauge, et M. de Ruhat le château de Buch; Charlot du Castetnau est désigné comme receveur de ses domaines; Guillaume de Navailles était le fourrier du comte; Gassiot de Lamensans, son trésorier; Grégoire d'Anglade et Pascault de Gères, ses maîtres d'hôtel; enfin, Me François de Béarn, licencié en droit, était juge de la comté de Bénauge, et nous voyons un prêtre, Me François de Torellas, prendre le titre de médecin particulier de Gaston de Foix.

Le plus ancien registre des minutes de Me Frapier, que possèdent les Archives de la Gironde, commence en 1497; l'absence des volumes antérieurs nous empêche malheureusement de connaître bien des détails intéressants relatifs aux premières années du séjour de Karoles à Escoussans.

Ce que nous pouvons dire, à coup sûr, d'après les renseignements que nous possédons, c'est qu'il avait su, malgré son origine étrangère, s'attirer l'estime de ceux au milieu desquels il vivait.

Nous le voyons, le 25 avril 1497, choisi pour arbitre dans une discussion entre des gens d'Escoussans et des paysans de la paroisse de Faleyras (3).

---

(1) Sans doute François de Léon, sieur de Sainte-Croix-du-Mont.

(2) Nobles hommes Jehan et Gassiot de Lamensans, sieurs de La Barie. (ARCH. DÉPARTEMENTALES, E : *Terriers*, 44.) Un Jehan de Lamensans, baron d'Auros, figure sur le rôle du ban et arrière-ban de la sénéchaussée de Bazadais, en 1557; il fut condamné à mort par le Parlement de Bordeaux, en 1569, pour avoir embrassé la réforme.

(3) ARCH. DÉPARTEMENTALES DE LA GIRONDE, E, notaires : *Minutes d'Olivier Frapier,* 278-1, f° 2 v°.

Le 1er juin suivant, il est choisi de nouveau pour trancher une difficulté relative à un droit de passage que certains habitants d'Escoussans prétendaient avoir au travers de la propriété d'un nommé Colas Pain, pour aller quérir de l'eau à la fontaine voisine.

Plus tard, Pey de Lasserre, de la paroisse de Saint-Jean d'Escampes, ayant promis en mariage sa fille Gaillardine à Pierre Colas, de Gornac, en Bénauge, s'engage à donner à la future 40 fr. bordelais, une toilette de mariée composée « dunc robe et dun gonnet de color », un lit de plumes complet et deux paires de draps. Le tout, dit l'acte, jugé bon et suffisant par deux hommes de bien, maître Ambroise de Karoles, armurier, et Antoine Chassaigne. Il promet de compter à sa fille 3o fr. le jour de son mariage, et les 10 autres un an après, et c'est encore Ambroise de Karoles qui se porte caution pour lui (1).

Enfin, le 17 juin 1499, Guillaume Pelerin d'Escoussans, à son lit de mort, le choisit pour l'un de ses exécuteurs testamentaires.

Ce détail, qui a bien son importance, prouve que le Milanais, qui n'était plus considéré comme étranger, possédait à cette époque une certaine fortune territoriale.

Nous le voyons, en effet, à deux reprises, acheter des terres à Peyrot Pain, fils de ce même Colas Pain qui l'avait choisi pour arbitre, et dont nous parlions quelques lignes plus haut. Ces terres longeaient le chemin qui conduisait, à cette époque, de l'église d'Escoussans au moulin d'Ambroise de Karoles, et relevaient de Gaston de Foix.

Grâce à l'amitié et à la protection de ce dernier, Karoles était devenu célèbre dans la contrée, et le nom des seigneurs pour lesquels il fabrique des armures et avec lesquels il est en compte au moment où il fait son testament, le prouve d'une manière suffisante.

---

(1) ARCH. DÉPARTEMENTALES DE LA GIRONDE, E, notaires : *Minutes d'Olivier Frapier,* 278-1, f⁰ 114.

Cette pièce, écrite en gascon, et qui porte la date du 14 septembre 1502, ne remplit pas moins de six feuillets dans les minutes de Me Olivier Frapier.

Elle débute par les formules ordinaires : Ambroise de Karoles, retenu au lit par une grave maladie, déclare jouir de la plénitude de ses facultés et faire librement son acte de dernière volonté. Désirant pourvoir au salut de son âme, il se recommande à Notre-Seigneur Jésus-Christ, à la glorieuse Vierge Marie, « sa benedicta may, » et « a tota la cort celestiau de paradis. »

Il témoigne le désir d'être enterré dans l'église d'Escoussans, devant l'autel de Sainte-Catherine, auprès de son fils Charles, dont nous avons déjà parlé. Pour les réparations à faire à cette église (1) et pour la construction d'une chapelle en l'honneur de Dieu et de Monseigneur Saint-Georges, patron des chevaliers, pour lequel les armuriers avaient une dévotion toute particulière, il laisse 20 fr. bordelais, c'est-à-dire 390 fr. de notre monnaie. Une messe perpétuelle sera dite, chaque semaine, dans cette chapelle, pour le repos de son âme.

En outre, quinze messes, dans le même but, seront célébrées, dans l'église d'Escoussans, le jour de ses obsèques ; quinze autres sept jours plus tard, et un pareil nombre un mois après son décès.

Il était d'habitude, alors, de laisser aux grands, et quelquefois au roi lui-même, une petite somme comme marque de souvenir et de déférence. Karoles nous en offre un exemple, en léguant à haut et très puissant seigneur Gaston de Foix, comte de Bénauge, 1 fr. bordelais, et 5 sols à l'archevêque de Bordeaux, les instituant tous deux ses héritiers particuliers.

---

(1) Ces réparations devaient être commencées depuis quelques mois. Le 6 février 1501, nous voyons Mathurin Nadau, maître maçon, s'engager à « reffaire de pié en cap le portal, pignon et clochier », à construire deux ailes plus solides et plus élevées que celles qui existaient précédemment, à réparer les fonts baptismaux, à construire un escalier pour monter au clocher, etc., moyennant 40 fr. bordelais, six boisseaux de froment, six de seigle, un porc dont la valeur n'excédera pas un écu, douze livres d'huile et une barrique de bon vin. (*Minutes d'Olivier Frapier*, fo 142.)

A Jehanne Gillibert, sa servante, « en souvenir de ses bons et agréables services, » et pour l'aider à se marier, il donne 4 fr. bordelais (68 fr. d'aujourd'hui), deux robes, « lune de drap de color et lautre d'escardis, » un lit complet et une paire de draps.

Ses trois serviteurs ou aides, René, Martin et Pierre, ne sont point oubliés; au premier, il laisse 12 fr. bordelais (204 fr.), sans négliger de lui rendre une bassine d'airain, ainsi que différents ustensiles d'étain qui lui appartiennent.

A Martin Daussonne, fils de son ancien associé, pour lequel il avait sans doute plus d'affection, il laisse un journal de vigne attenant à celle qu'il possède près « du parc de Bénauge», et deux enclumes; il lui remet, en outre, un lit appartenant à son père, Étienne Daussonne, et le tient quitte des 11 livres 5 sols que celui-ci resta lui devoir au moment de leur règlement de comptes.

Il reconnaît devoir à Pierre, son valet, une somme de 3 fr. et 20 ardits, et 5 fr. à Pierre Batardeau, meunier de la Roque, sur le prix d'une meule que celui-ci lui avait vendue.

Enfin, il établit sa situation vis-à-vis de quelques-uns des seigneurs pour lesquels il avait fait des ouvrages d'armurerie; il est facile de comprendre qu'il ne nomme que ceux qui se trouvaient ses débiteurs, et ce devait être le plus petit nombre.

A M. de Sainte-Croix, il reconnaît devoir 10 fr. pour une pipe de vin que celui-ci lui avait donnée, comme à-compte, sur le prix d'une cuirasse et d'une armure (harnes) qu'il devait lui faire, mais qui n'ont point été exécutées.

M. de Montinas lui ayant commandé une armure, le testateur s'était engagé à lui payer une somme de 18 écus d'or, au cas où il ne la lui livrerait pas pour le jour de la fête de Saint-Jean-Baptiste. L'armure étant prête, M. de Montinas n'est venu ni la prendre ni l'essayer; Ambroise de Karoles s'en remet à sa conscience, et ne lui réclame que la somme qu'il croira devoir.

Nous avons dit que M. de Ruhat commandait, pour Gaston

de Foix, le château de Buch. Au seizième siècle, les de Ruhat embrassèrent la réforme, et Gaston de Castetja, seigneur de Ruhat et de Lafite, ayant été condamné à mort pour crime d'hérésie, un arrêt du Parlement lui ôta le commandement de ce donjon. On sait qu'au dix-huitième siècle, les de Ruhat, redevenus catholiques, firent l'acquisition du captalat de Buch, qui avait passé de la famille de Foix à celle de Lavalette d'Épernon.

Karoles devait faire, pour M. de Ruhat, « une cuyrasse, ung harmet (un casque), ung pareilh de cuissotz, et ung pareilh de avant bras. » Le casque est prêt, ainsi que les cuissards et les gantelets; M. de Ruhat lui doit 5 écus d'or.

Il avait fait et forgé de sa main, à Grégoire d'Anglade [1], maître d'hôtel du comte, une armure complète, que celui-ci lui avait laissée en garde. Il lui est redû 3 fr. bordelais sur le prix de l'armure; pour ce qui est de l'avoir gardée et entretenue pendant quatre ans, il s'en remet au dire de bons gentilshommes.

Les armuriers avaient, depuis le commencement du quinzième siècle, ajouté une branche à leur industrie, en se chargeant, en temps de paix, de l'entretien des armures de leurs clients, métier inconnu dans les siècles antérieurs, où la multiplicité des expéditions guerrières ne laissait guère aux chevaliers le loisir de suspendre leur cuirasse, et où l'épée et la dague n'avaient pas le temps de se rouiller au fourreau.

Au seizième siècle, où la chevalerie n'est plus que l'ombre d'elle-même, les armuriers ont perdu leur nom, et s'appellent *maîtres fourbisseurs*.

Karoles nous apprend qu'il avait fait une armure complète pour feu M. de Marsan [2], que celui-ci lui donna en garde quatre ans environ avant l'époque à laquelle il écrit son testa-

---

(1) Il s'agit, sans doute, ici, de quelque bâtard de Jehan d'Anglade, fait prisonnier par les Français après la bataille de Castillon, et auquel Louis XI ouvrit les portes du Châtelet lors de son entrée dans Paris.

(2) M. de Marsan, écuyer, coseigneur de Roquefort, avait épousé Jaquette de Lur; son fils, Jehan de Marsan, vendit en 1530, à Pierre de Valier, avocat au Parlement de Bordeaux, la terre de Calon et de Sémignan, en Médoc.

ment; il déclare qu'il ne lui est rien dû que l'entretien, pendant ce laps de temps, et « la relevadeure ».

M. de Roquetaillade (1) lui redoit 20 écus d'or sur une somme plus élevée, dont il était débiteur envers lui « pour ouvrage de son métier et armure de guerre », ainsi qu'il en peut justifier par les obligations signées de ce seigneur, qu'il a entre les mains.

Sur une armure complète que le testateur avait vendue à M. de Caupène (2) et de Gaujac, et qui fut remise à son page, ce seigneur lui redoit encore « dix mailles de ryn ».

Noble Gaston de Ségur, seigneur du Courros, lui redoit 7 fr. bordelais sur une somme de 10 écus d'or, pour laquelle il a une obligation signée de lui.

Fils d'un chevalier, Giron de Ségur, et chevalier lui-même, Gaston de Ségur, dont il s'agit ici, était captal de Puchagut et soudan de Preissac; il épousa Françoise de Chassaignes.

Les Archives de la Gironde possèdent le testament qu'il fit en 1521, au moment où François Iᵉʳ commença les hostilités contre Charles-Quint, en donnant l'ordre à Henri d'Albret d'envahir la Navarre avec 6,000 hommes.

« Obstant, dit-il, moyennant la grâce de Dieu, que ma deliberation est men aller au service du Roy, mon tres excellent prince et seigneur, au faict de la guerre au voyage de Fontarabie (3). »

Par cet acte fort curieux, il fonde un hôpital et une léproserie pour « reapter (4) et loger les pauvres ladres ».

D'après les extraits qui précèdent, il serait difficile d'être fixé sur la valeur des armures qui sortaient de l'atelier d'Ambroise

(1) Le 2 août 1450, Raymond-Amanieu-Andron de Lansac, seigneur de Roquetaillade, chevalier, avait épousé noble damoiselle Jehanne de Béarn, fille naturelle de Gaston de Foix. Celui dont il s'agit ici, Jehan-Andron de Lansac, écuyer, seigneur de Maurian, était sans doute leur fils.

(2) Jehan de Caupène, seigneur de l'Isle de Lalande, descendait probablement du fameux Raymond-Guillaume de Caupène, routier, dont parlent les ARCHIVES MUNICIPALES DE BORDEAUX au commencement du quinzième siècle.

(3) ARCH. DÉPARTEMENTALES DE LA GIRONDE, E : *Terriers*, 104.

(4) *Réapter*, guérir, rendre à la santé. Le mot *malade* n'est, comme ce verbe l'indique, qu'une corruption de l'épithète *mal apte* (MALE APTUS).

de Karoles. Celles de Milan étaient, au quinzième siècle, d'un prix très élevé. On lit dans l'excellent ouvrage de M. Leber, sur l'appréciation de la fortune privée au moyen âge : « En 1442, un harnais (armure) de Milan, ordinaire, se payait 3o écus d'or, l'écu valant 25 sous ; ce qui porte ce prix, en livres tournois, à 37 livres 10, » c'est-à-dire 1,546 fr. 88 c. de notre monnaie.

Karoles, si je ne me trompe, devait avoir, à peu de chose près, conservé les prix de sa ville natale, et un casque ou un écu coûtaient aussi cher à la cour de Gaston de Foix que si on les eût fait fabriquer en Lombardie.

Nous avons vu M. de Ruhat payer 5 écus d'or, c'est-à-dire 180 fr. d'aujourd'hui, un casque, une paire de cuissards et des gantelets. Voici qui nous renseigne mieux encore :

Le Milanais nous apprend qu'il avait fait à M. de Lisle, seigneur de Monède, une armure complète que, sans doute, celui-ci n'avait pas trouvée à sa convenance, car Ambroise de Karoles s'était engagé, par acte passé devant un notaire de Castets-en-Dorte, à lui en faire une autre moyennant 3o écus d'or, précisément le prix indiqué par M. Leber pour une armure ordinaire de Milan.

Quelques autres seigneurs sont encore désignés dans la suite du testament qui nous occupe.

M. du Cros (1), comme caution de son frère M. de La Chapelle (de La Cappera), redoit à Karoles 4 écus d'or, « a causa dung habillement de teste et de ungs garbe-bras (2). »

M. de la Baylie lui a donné une armure complète, moins le casque, pour la redresser « relevar », sans doute parce qu'elle était bosselée. L'armurier a reçu, comme à-compte, une barrique de vin de 3 francs ; mais aucun prix n'a été fixé entre eux. Karoles déclare qu'il lui est dû 6 francs pour la « relevadure ».

---

(1) Noble Jehan Daulède, seigneur du Cros. La seigneurie du Cros comprenait une partie des paroisses de Cadillac, Loupiac et Neyrac. (ARCH. DÉPARTEMENTALES DE LA GIRONDE : *Terriers,* 44-45.)
(2) Un casque et une paire de brassards.

On est frappé de la naïveté, mais en même temps de la bonne foi qui forment les deux traits distinctifs du caractère de Karoles.

Les détails qui suivent sont d'une maigre importance. Karoles règle ses comptes avec son beau-frère Bichon-Ducasse et avec quelques autres parents ou alliés.

Enfin, il institue sa femme, Jehanette Ducasse, qu'il laisse enceinte, son héritière universelle, mais seulement dans le cas où l'enfant qu'elle porte ne viendrait pas à terme; s'il vit, de quelque sexe qu'il soit, c'est à lui qu'il laisse tous ses biens. La chose étant, il nomme sa femme tutrice, et lui réserve la jouissance de son avoir, à la condition expresse qu'elle ne se remariera point.

Au cas où elle viendrait à le faire, le testateur lui laisse seulement, en souvenir, une vigne dont il fixe les limites.

J'ai eu la curiosité de savoir ce que devint Jehanette, et j'ai pu me convaincre qu'elle se consola en épousant, peu de temps après la mort de Karoles, Guillaume de Navailles, fourrier de Gaston de Foix.

Quant à Étienne Daussonne, héritier des secrets de Karoles pour la trempe des armures, j'ai vainement cherché sa trace, et c'est inutilement que j'ai relevé avec soin le nom de tous les armuriers bordelais de la première moitié du seizième siècle. On se rappelle cependant que, parmi les objets que lui laissa son maître, figurent deux enclumes. Il est naturel de penser qu'il dut s'en servir.

Ce qui m'a décidé à publier ce travail, c'est qu'il m'a paru intéressant de constater qu'au quinzième siècle, avant les premières expéditions de Charles VIII en Italie, une des branches de l'art italien avait été importée en France, et que, peu de temps après l'époque où Louis XI attirait à Tours des Vénitiens et des Génois pour y fonder des manufactures de soie, les Milanais apportaient à Bordeaux leurs secrets de fabrication pour les armures de luxe.

PIÈCE JUSTIFICATIVE

CONTRAT PASSÉ ENTRE AMBROISE DE KAROLES ET UN GENTILHOMME
POUR LA FABRICATION D'UNE ARMURE COMPLÈTE.

ATUM Burdegale die quarta mensis maii anno millesimo
nonagesimo primo.

Personnament constituitz Ambroys de Caron (Karoles),
armurier, demourant en la seigneurie d'Arbi en Benau-
ges, d'une part, et noble homme Bertrand de Chartroize,
homme d'armes [1] sous la charge de M. de Montferrant [2], demeurant à
Vayrines, d'autre part, lesquelles parties ont convenut entre eulx en la
manière que s'en suyt :

C'est assavoir : que le dit de Caron a vendu au dit Chartroize ung
harrenoys blanc, garny de curasse, de grand gardebratz, de arnoys de
jambes, de gardebratz droit, de heaulme, de cabasset, d'avant bratz, de
gantelletz, de banyes (?) et de toutes autres piesses au dit harnoys
necessaires, pour le priz et somme de trente et ung escus d'or.

De laquelle somme le dit Chartroize a payé au dit Caron le nombre
de troys pippes de vin bon et marchand pour le priz de x francs bourdelois la pipe, qui est en somme xxx francs bourdelois.

Et le reste de la dite somme doit payer es termes qui s'ensuivent,
c'est assavoir : es premieres monstres emprès la date de ces presentes

---

(1) C'était le frère de Pierre Chartroize, capitaine du château de Veyrines
pour M. de Montferrant. Ce donjon, dont une tour existe encore, était situé
aux portes de Bordeaux, dans la paroisse de Mérignac. Les jurats en firent
l'acquisition.

(2) Messire Gaston de Montferrand, chevalier, seigneur dudit lieu. On trouve
à la même époque noble homme Charles de Montferrand, seigneur de
Roquetaillade, et noble Godifer de Montferrand, abbé de Bonlieu, probablement
deux frères du premier.

deux livres x sols tournois et à une chacune des autres monstres la somme de x livres tournois jusques affin de paye desdits xxxi écus d'or.

Lequel harrenoys le dit de Caron doit bailher au dit de Chartroize, garny comme dessus est dit, es termes qui s'ensuivent, c'est assavoir: dedans les premieres monstres emprès la date de ces presentes garny de heaulme et cabasset et le reste dedans les segondes monstres emprès ensuivant, sans nulle contradiction.

Pour toutes les choses dessusdites tenir, obligeant [l'une partie à l'autre leurs biens meubles et immeubles], etc., soubzmettant, etc.

Presentibus : Johanne du Bouschet, maistre d'ostau de mon dit seigneur de Montferrant, Johanne Costaus (?) et Arnaldo de Casteret, mercatoribus Burdegale testibus.

(Signé) GEMELLIER, notaire royal.

(ARCH. DÉPARTEMENTALES DE LA GIRONDE, E, notaires : *Minutes de Gemellier*, 528-1.)

www.ingramcontent.com/pod-product-compliance
Lightning Source LLC
Chambersburg PA
CBHW070929280326
41934CB00009B/1801